JN065238

世界でいちばん素敵な

ＳＤＧｓの教室

The World's Most Wonderful Classroom of SDGs

はじめに

　私たちの住むこの地球がいかに美しい場所であるか、しかしその美しさがいかにもろく、破滅の危機に瀕しているかを、この本はまざまざと示しています。本書は、国際連合が2015年に採択した「持続可能な開発目標」（SDGs）のエッセンスをまとめたものです。この本を読むことで、みなさんは私たちの住むこの地球という惑星の自然環境も、またその上に成り立っている私たちの社会や文化も、けっしてあたりまえに持続していくものではないことがお分かり頂けると思います。SDGsは国連の決議ですが、それはあなたと直結します。SDGsは国際機関の専門家や政府の高官たちのサークルで取りまとめられた、どこか遠いところにある「他人ごと」ではありません。持続可能な未来を実現するために、あなたや私の日常生活での意識変容と行動変容が求められているのです。

　国際社会における日本という国の地位を語るときに、これまではGDPをはじめとする経済指標が主に用いられてきました。しかしこれからは、ジェンダー平等や消費者行動を含むSDGsの達成度が国を評価する基準になっていきます。読者のみなさんは本書に紹介されているSDGsランキングをご覧になって、日本の強みはどこなのか、逆に国際比較で日本が遅れている点はどこなのかをあらためて見つめ直して下さい。そのうえで、日本がより持続可能で公正な社会になるために、あなたにできることは何なのかをぜひ考えてみて頂きたいと思います。

　本書は「教室」と銘打っていますので、SDGsの授業の本ともいえます。授業ですから、最後に試験があり、成績評価が来ます。しかしSDGsの授業の評価は今すぐにはできません。10年後、100年後の地球があなたの取り組みや生き方に対して「評価」を下してくれます。あなたの生き方は、未来の地球からの評価に耐えられるでしょうか？

小林 亮

Contents

目次

The United Nations Sustainable Development Goals web site :
https://www.un.org/sustainabledevelopment/

※記載のデータは、2021年5月時点のものです。
※本書のSDGs達成度やランキングは、ベルテルスマン財団、SDSN「Sustainable Development Report 2020」に基づいています。

SDGs が採択されるまで ◇◇◇◇◇◇◇◇◇◇◇

「SDGs」は、近年急に生まれた考え方ではありません。
それぞれ別の道をたどっていた「環境」と「開発」についての考え方が、
共通のゴールにたどり着くべく、およそ50年をかけて
「SDGs」というひとつの大きな道になっていきました。

1972年 6月 ● **国連人間環境会議（ストックホルム会議）**

> 「環境」と「開発」が初めて一緒に議論された国際会議。人間環境の保全と向上に関し、世界の人々を励まし、導くため共通の見解と原則が必要であるという「人間環境宣言」が採択されました。

1982年 5月 ● **国連環境計画管理理事会特別会合（ナイロビ会議）**

> 国際連合環境計画（UNEP）の本部があるケニアのナイロビで開催。「ナイロビ宣言」では、「世界環境を保全し及び改善するために全世界的、地域的及び国内的な努力を一層強化する緊急の必要性がある」とされました。

1987年 4月 ● **『Our Common Future（我ら共有の未来）』**

（ブルントラント報告）

> 当時のノルウェーの首相、ブルントラントが委員長を務めた「環境と開発に関する世界委員会」が公表した報告書で、「接続可能な開発」の概念を提示しました。

1988年 ● **気候変動に関する政府間パネル（IPCC）設置**

> 人為起源による気候変動に関して、科学的、技術的、社会経済学的な見地から包括的な評価を行うことを目的として、世界気象機関（WMO）と国際連合環境計画（UNEP）によって設立されました。

1992年 6月 ● **国連環境開発会議（地球サミット）**

> ブラジルのリオデジャネイロで開催された国際会議。持続可能な開発のための水準をつくることを宣言した「リオ宣言」と、その行動計画「アジェンダ21」が採択されました。

1997年12月 ● **気候変動枠組条約第3回締約国会議（COP3）**

> 京都で開催。先進国に温室効果ガス排出削減目標を課す「京都議定書」が採択されました。日本の削減目標は、2008〜2012年の5年間で1990年比マイナス6%でした。

2000年 9月 ● **国連ミレニアム・サミット**

> 「国連ミレニアム宣言」をもとに、8つの目標と21のターゲット（アジェンダ21）をもつ「ミレニアム開発目標（MDGs）」が採択されました。

2002年 8月 ● 持続可能な開発に関する世界首脳会議

（ヨハネスブルグ・サミット）

「アジェンダ21」について、より具体的なアクションを促す文書が採択されたほか、持続可能な開発が「経済」「社会」「環境」の3つの側面からとらえられるようになりました。

2009年 ● 「プラネタリー・バウンダリー（地球環境の境界）」発表

地球の9つの環境要素がレジリエンス（回復力）の限界を超えると、回復不可能な変化が起きるという概念です。スウェーデンの環境学者、ロックストロームらが発表し、科学者の立場から環境保全が喫緊の課題であることを訴えました。

2009年12月 ● 気候変動枠組条約第15回締約国会議（COP15）

デンマークのコペンハーゲンで開催。各国の首脳クラスが参加したにも関わらず、法的拘束力のある二酸化炭素排出削減の目標設定には至りませんでした。

2011年 7月 ● リオ＋20の準備会合でSDGs提案

インドネシアのソロで開かれた準備会合で、コロンビア、ペルー、グアテマラが、2015年で期限を迎えるMDGsの後継目標として、「SDGs」を提案しました。

2012年 6月 ● 国連持続可能な開発会議（リオ＋20）

ブラジルのリオデジャネイロで開催。成果文書『The Future We Want（我々の求める未来）』で、SDGs設定へ向けて、政府間交渉のプロセスを立ち上げることなどが合意されました。

2013年3月〜 ● SDGs合意形成に向けた「オープンな作業部会」スタート

2014年7月までに計13回開催され、SDGsの策定が行われました。

2015年 9月 ● 国連持続可能な開発サミット

「SDGs」を中核とする「持続可能な開発のための2030アジェンダ」が採択されました。

2015年11月 ● 気候変動枠組条約第21回締約国会議（COP21）

2020年以降の温室効果ガス排出削減等のための新たな国際枠組み「パリ協定」が採択されました。日本は、2030年までに2013年比で、温室効果ガス排出量26％削減を目標としました。

2021年 4月 ● 気候変動サミット

アメリカ主催により、オンラインで開催。日本は、2030年までに2013年比で、温室効果ガス排出量を46％削減すると宣言しました。

2030年   SDGsの目標達成

Q
そもそも「SDGs」って、なんのこと？

A
「持続可能な開発目標」
のことです。

SDGsは、全世界の人々が 守るべき"17の道しるべ"。

いまを生きる私たち、そして、
次の世代、そのまた次の世代……。
誰ひとり取り残すことなく、
安心して生活できる地球を残すための国際目標として、
SDGsが定められました。

Q 「持続可能」って、どういうこと？

A 「これから先もずっと続く」という意味です。

"持続"は、"現在と未来のつながり"と考えてもよいでしょう。ただし、単につながればよいというわけではありません。先々の世代が過不足なく生活できるレベルを維持しなければ、意味がありません。そのような未来を実現するための取り組みを実行することが「持続可能な開発」で、設定された目標が「持続可能な開発目標＝SDGs」です。

「開発」という言葉で私たちが思い浮かべるのは、森林を伐採して行われる農地開発です。ただ開発するだけでは、自然は持続しません。写真は、パーム油のプランテーションが森林を伐採して広がっていく様子（マレーシア）。

② SDGsは、いつ、誰が作ったの？

A 2015年9月27日の国連サミットで採択されました。

ニューヨークで開催されたこの年の国連サミットには、国連加盟161か国の首脳が一堂に会し、17の目標と169のターゲットを掲げるSDGsが、全会一致で採択されました。ですが、SDGsは、急に生まれてきた国際目標ではありません。SDGsが誕生する前には、「MDGs（ミレニアム開発目標）」という直接の前身をはじめ、国連主導の調査や国際会議でのさまざまな議論があったのです（P.6）。

SDGsが採択された2015年の国連サミットは、「国連持続可能な開発サミット」と呼ばれています。SDGsの17の目標は、国連決議「Transforming Our World: 2030 Agenda for Sustainable Development（私たちの世界を転換する：持続可能な開発のための2030アジェンダ）」に明記されています。

---

③ MDGsとSDGsでは、なにが違うの？

A 目標の数や対象が違います。

MDGsは、2000年9月の国連ミレニアム・サミットで採択された国際目標で、2015年までに達成すべき8つの目標と21のターゲットが掲げられました。これらの目標は、途上国向けに設定されていました。
一方SDGsは、すべての国が達成すべき目標と位置づけて目標とターゲットを大幅に増やし、より包括的な国際目標になっています。個人の日常生活にも紐づけられる身近な目標・ターゲットも多く、日常での変容を促すような「私たち1人ひとりの目標」になっているのが、大きな特徴です。

	MDGs	SDGs
日本語訳	ミレニアム開発目標	持続可能な開発目標
採択年	2000年	2015年
目標の期限	2015年	2030年
目標／ターゲット	8／21	17／169
対象	途上国の目標	先進国を含めたすべての国の目標

マイバッグやごみの分別など、「エコ」という観点から私たちが実践していた日常のアクションが、SDGsの目標達成に結びついています。

★COLUMN★ 全会一致が物語る、逼迫（ひっぱく）した危機意識

国際会議となると、イデオロギーや宗教、民族の違いなど、各国の思惑が複雑にからみあって、反対する国が出てくるもの。SDGsのように、全会一致で採択される決議は非常にまれなのです。逆に言うと、SDGsの採択は、各国が共通して危機意識を共有している表れととらえることができます。2030年までそれほど時間はありません。SDGsは、いますぐにとりかからなければならない、待ったなしの課題なのです。

2015 年 9 月 22 日の国連ビル（ニューヨーク）。プロジェクショ
ンマッピングで、壁に 17 の目標のアイコンや、SDGs のロゴ
が映し出されています。「LET'S GET THE JOB DONE」は、
「最後まで成し遂げよう！」という意思表明です。

Q SDGsの17の目標について、もっと教えて！

A 　世界共通のアイコンと
　　短いキャッチコピーで示されています。

スタイリッシュに視覚化して
記憶に残るアイコンに。

SDGsの17の目標は、それぞれ異なる色のベースに、
端的に表現されたキャッチコピーが
組み合わされたアイコンが印象的です。
私たちが、ひと目で「SDGsだ！」と
認識できるように工夫が凝らされています。

サステナビリティ

日本語で「持続可能性」。
SDGsについて学ぶときよく
出る言葉で、本書でもたび
たび登場します。

1　貧困をなくそう

あらゆる場所のあらゆる形態の貧困を
終わらせる

6　安全な水とトイレを世界中に

すべての人々の水と衛生の利用可能性
と持続可能な管理を確保する

2　飢餓をゼロに

飢餓を終わらせ、食料安全保障及び
栄養改善を実現し、持続可能な農業
を促進する

**7　エネルギーをみんなに
そしてクリーンに**

すべての人々の、安価かつ信頼できる
持続可能な近代的エネルギーへのア
クセスを確保する

3　すべての人に健康と福祉を

あらゆる年齢のすべての人々の健康的
な生活を確保し、福祉を促進する

8　働きがいも経済成長も

包摂的かつ持続可能な経済成長及びす
べての人々の完全かつ生産的な雇用と働
きがいのある人間らしい雇用（ディーセン
ト・ワーク）を促進する

4　質の高い教育をみんなに

すべての人々への、包摂的かつ公正
な質の高い教育を確保し、生涯学習
の機会を促進する

**9　産業と技術革新の
基盤をつくろう**

強靭（レジリエント）なインフラ構築、
包摂的かつ持続可能な産業化の促進
及びイノベーションの推進を図る

5　ジェンダー平等を実現しよう

ジェンダー平等を達成し、すべての女
性及び女児の能力強化を行う

10　人や国の不平等をなくそう

各国内及び各国間の不平等を是正す
る

SDGsのアイコンは、誰が作ったの？

A　スウェーデンのデザイナー、ヤーコブ・トロールベックです。

トロールベックは、AppleやHBO、FOXといった大企業の仕事も手がけるクリエイティブ・ディレクターです。サステナビリティに関するコミュニケーションに特化した「The New Division社」を母国のストックホルムに立ち上げ、幅広く活動をしています。キャッチコピーの日本語訳を担当したのは、博報堂の川廷昌弘（かわていまさひろ）氏です。

 11 住み続けられるまちづくりを
包摂的で安全かつ強靭（レジリエント）で持続可能な都市及び人間居住を実現する

 15 陸の豊かさも守ろう
陸域生態系の保護、回復、持続可能な利用の推進、持続可能な森林の経営、砂漠化への対処、ならびに土地の劣化の阻止・回復及び生物多様性の損失を阻止する

 12 つくる責任つかう責任
持続可能な生産消費形態を確保する

 16 平和と公正をすべての人に
持続可能な開発のための平和で包摂的な社会を促進し、すべての人々に司法へのアクセスを提供し、あらゆるレベルにおいて効果的で説明責任のある包摂的な制度を構築する

 13 気候変動に具体的な対策を
気候変動及びその影響を軽減するための緊急対策を講じる

 17 パートナーシップで目標を達成しよう
持続可能な開発のための実施手段を強化し、グローバル・パートナーシップを活性化する

 14 海の豊かさを守ろう
持続可能な開発のために海洋・海洋資源を保全し、持続可能な形で利用する

★COLUMN★ **"ルール"ではなく"目標"がベースのSDGs**

SDGsでは、目標でもターゲットでも、「〜するべし」という明確なアクションプランが示されているわけではありません。そのため、国や地方自治体、各個人が、それぞれに合った具体的な方策を考える必要があります。自由度が高く、主体的なアクションが必要になるこの仕組みも、私たちが「自分ごと」として取り組む姿勢の醸成に役立つかもしれません。

Q SDGsに取り組まないと、どうなるの？

東京の上空を厚く覆う雷雲と稲妻。突発的、局地的な激しい雨を指す「ゲリラ豪雨」という表現は、いまやすっかりおなじみになっています。地球温暖化で空気中の水蒸気の量が増えたことが、強烈なゲリラ豪雨が頻発する原因のひとつと言われています。

A 未来の子どもたちが、
安心して暮らせなくなります。

SDGsが守れなければ、
地球がしっぺ返しをしてきます。

SDGsが守れなくても、罰則はありません。
17の目標を詳しく見ていく前に、
「環境問題」「社会問題」「経済問題」の観点で、
SDGsがなかった場合の未来の姿を想像してみましょう。

COP
締約国会議（Conference of the Parties）の略。気候変動の国際会議が有名です。

地球の環境はどうなるの？

A 気候変動が激しくなったり、希少な生物が絶滅したりします。

国連気候変動枠組条約第21回締約国会議（COP21）で成立したパリ協定では、「世界的な平均気温上昇を産業革命以前に比べて2℃より十分低く保つとともに、1.5℃に抑える努力を追求する」ことが取り決められました。しかし、たとえ2℃に抑えられえたとしても（2℃シナリオ）、地球環境への影響は小さくありません。文部科学省と気象庁による「日本の気候変動2020」には、21世紀末に予測される日本の姿がまとめられています。

流氷が消失すると、プランクトンが減少して生態系が激変し、漁業に深刻なダメージを与えます。また、国の天然記念物に指定されている絶滅危惧種のオオワシやオジロワシは、日本へ渡ってこなくなるかもしれません。

平均気温上昇が4℃の場合（4℃シナリオ）の場合、オホーツク海の3月の海氷面積は、約70％も減少すると予測されています。未来の日本人は、流氷という美しい冬の風物詩を見ることができなくなり、観光業には大打撃です。

年平均気温	海面水温
約1.4℃上昇	約1.14℃上昇
日降水量の年最大値	沿岸の海面水位
約12%（約15mm）増加	約0.39m上昇
50mm/h以上の雨の頻度	3月のオホーツク海の海氷面積
約1.6倍増加	約28%減少

そのほか、降雪・積雪量の減少、強い台風の増加、海洋酸性化の進行が挙げられます。

② どういった社会問題が発生するの?

A 格差や不平等が広がり、対立を激化させかねません。

日本のオリンピック組織委員会トップが差別発言をした問題は、海外のメディアでも大きく取り上げられました。差別的な発言や行動は、差別問題にセンシティブなアメリカやヨーロッパでは、「ブラック・ライブズ・マター」「#MeToo運動」のような大規模なムーブメントに発展することもあります。格差や不平等、人種や宗教による差別は、最終的に内紛や戦争を引き起こしかねません。

2019年から20年にかけて起きた香港民主化デモでは、「普通選挙の実現」が要求のひとつとなっていました。10人以上の死者を出した激しいデモがおさまったいまでも、規模を縮小して続けられています。

③ 世界の経済はどうなるの?

A 所得格差が拡大し、
連動してさまざまな問題が引き起こされます。

日本では、少子高齢化で人口に占める割合が増えている高齢者層と、非正規雇用が増加している若年層の間で、所得格差が拡大しています。低所得は、食生活の偏りによる肥満、ストレスによるうつ病を誘発したり、犯罪の温床になったりする可能性があります。

★COLUMN★ 日本をたびたび襲う異常気象

2020年7月の「令和2年7月豪雨」は、日本各地に記録的な雨を降らせ、複数の死者を出したほか、甚大な被害をもたらしました。毎年夏になると列島を襲う異常気象は、年々その威力を増しています。異常気象の原因のひとつが地球規模の気候変動にある可能性は、大きいと考えられています。

Q
17個の目標の覚え方を教えて！

スウェーデンの子どもたち。スウェーデンは、SDGsの達成度ランキング1位（2021年3月時点）です。スウェーデンやデンマーク、ノルウェー、フィンランドといった北欧諸国は、SDGsの達成度だけでなく、関連団体やシンクタンクによる幸福度のランキングでも上位を占めています。

A

5つの「P」に分けると理解しやすいでしょう。

「People（人間）」「Prosperity（豊かさ）」
「Planet（地球）」「Peace（平和）」
「Partnership（パートナーシップ）」が5つの「P」です。

5つの「P」を意識して守ることが17の目標達成につながります。

国連決議の「持続可能な開発のための2030アジェンダ」の冒頭には、
SDGsのキーワードとして5つの「P」が掲げられています。
いずれも、私たちの幸福な未来につながる大切な要素です。
まずは、この5つの「P」について見ていきましょう。

 5つの「P」について詳しく教えて！

A 次のようにまとめられます。

出典：ユニセフ SDGsの考え方
https://www.unicef.or.jp/sdgs/concept.html

People
人間

「すべての人の人権が尊重され、尊厳をもち、平等に、潜在能力を発揮できるようにする。貧困と飢餓を終わらせ、ジェンダー平等を達成し、すべての人に教育、水と衛生、健康的な生活を保障する」

Prosperity
豊かさ

「すべての人が豊かで充実した生活を送れるようにし、自然と調和する経済、社会、技術の進展を確保する」

Planet
地球

「責任ある消費と生産、天然資源の持続可能な管理、気候変動への緊急な対応などを通して、地球を破壊から守る」

Peace
平和

「平和、公正で、恐怖と暴力のない、インクルーシブな（すべての人が受け入れられ参加できる）世界をめざす」

マハトマ・ガンジーは、インドのイギリスからの独立運動の際、「非暴力・不服従」を主張しました。

Partnership
パートナーシップ

「政府、民間セクター、市民社会、国連機関を含む多様な関係者が参加する、グローバルなパートナーシップにより実現をめざす」

日本のSDGs達成度 ◇◇◇◇◇◇◇◇◇◇◇◇

SDGsの目標ごとの進捗状況は色分けして"見える化"されています。
2021年6月現在、日本が達成している目標は3つです。

合計スコア：79.2／100.0　順位：17位

1 貧困を なくそう	7 エネルギーをみんなに そしてクリーンに	13 気候変動に 具体的な対策を
2 飢餓を ゼロに	8 働きがいも 経済成長も	14 海の豊かさを 守ろう
3 すべての人に 健康と福祉を	9 産業と技術革新の 基盤をつくろう	15 陸の豊かさも 守ろう
4 質の高い教育を みんなに	10 人や国の不平等 をなくそう	16 平和と公正を すべての人に
5 ジェンダー平等を 実現しよう	11 住み続けられる まちづくりを	17 パートナーシップで 目標を達成しよう
6 安全な水とトイレ を世界中に	12 つくる責任 つかう責任	

------- 凡例 -------

●●●●…達成

●●●●…達成に近いが課題あり

●●…課題が多い

●…達成にはほど遠い

日本の SDGs トレンド ◇◇◇◇◇◇◇◇◇◇◇◇

SDGsの目標ごとの傾向（トレンド）は、色と→（矢印）の方向で示されています。
日本では目標10が、悪化しているのがわかります。

出典：ベルテルスマン財団、SDSN「Sustainable Development Report 2020」
https://dashboards.sdgindex.org/profiles/JPN

1 貧困を なくそう

Q
どうして貧困はうまれるの？

ブラジル・リオデジャネイロのスラム街「ファヴェーラ」。上空のロープウェイからは、スラム街の生活の一端を見ることができます。

A 紛争や内戦による混乱、
汚職による富の一極化などが原因です。

貧しさの理由もあり方も
国や地域によってさまざまです。

貧困はアフリカだけの問題ではありません。
先進国にも、貧困は存在しています。
日本にも、その日の食事に苦労する人々がいるのです。

世界でもっとも貧しい地域はどこ？

A　アフリカのサハラ砂漠以南や南アジアです。

「極度の貧困ライン（1日1ドル9セント）」以下で生活する人は7億人以上いるとされていますが、その多くは、アフリカのサハラ砂漠以南や南アジアに集中しています。アフリカでは、宗教や民族の違いによる紛争や対立が断続的に続く地域も多く、平和が長続きしないため、多くの人が貧困から抜け出せずにいます。

インド西部、ジャールカンド州の河畔で日干しされる民族衣装・サリー。厳格な身分制度であるカースト制では、衣類の洗濯を生業とする洗濯人（ドービー）は、カーストの外側に位置する不可触民とされています。不可触民が生まれながらの身分や職業から抜け出すことは、非常に困難です。

② 貧しい国が豊かになるきっかけはある?

A ケニアでは、電子マネーの分野で イノベーションが生まれています。

アフリカでは、固定電話よりプリペイド式の携帯電話が普及しており、自分のSIMカードを挿入し、事前にチャージした通信時間分だけ通話や通信ができるシステムが一般的です。そこに着目し、通信時間の換金や家族への送金、商品や公共料金の支払いができるサービス「M-PESA（エムペサ）」を始めたのが、ケニアの通信会社Safaricomです。M-PESAは、口座の開設が難しくインフラが整備されていない一方、携帯電話が広く普及したアフリカでなければ生まれなかったイノベーションと言えます。

M-PESAを使って送金されたお金を受け取る客（ケニア・ナイロビ）。M-PESAは高い普及率を誇っています。

---

③ 日本にも貧困はあるの?

A 15.7%が「相対的貧困」の状態にあります。

極度の貧困ライン以下の「絶対的貧困」ばかりが課題ではありません。どの国にもその国の生活水準と比べて貧しい「相対的貧困」が存在します。日本の場合、年収127万円（2018年）以下の相対的貧困の割合は、先進国の中でも大きくなっています。特に、子どもの相対的貧困率の高さ（14%）は問題です。「ひとり親の家庭が増えている」「親が正規雇用に就いていない」などの理由が考えられますが、外側からは見えにくいこともあり、根深い問題になっています。

是枝裕和監督の映画『万引き家族』や韓国映画『パラサイト 半地下の家族』（写真）は、日韓それぞれの相対的貧困を象徴的に描いた作品で、国際的にも評価されました。

『パラサイト 半地下の家族』
Blu-ray:8,580円(税込) DVD:5,280円(税込)
発売・販売元：パップ

主要国の相対的貧困率 （2018年）

南アフリカ	26.60%
アメリカ	17.80%
韓国	16.70%
日本	**15.70%**
スペイン	14.20%
オーストラリア	12.40%
スウェーデン	8.90%
オランダ	8.30%
フィンランド	6.50%
アイスランド	4.90%

出典：OECD(Organisation for Economic Co-operation and Development)

 2 飢餓を
ゼロに

Q
どうして飢餓はうまれるの？

干ばつに見舞われ、水が干上がったダムで遊ぶ子どもたち
（南アフリカ）。たとえ干ばつ・洪水対策がしっかりできてい
ても、農作物を先進国が買い占めて価格を上げてしまうな
どの問題もあります。

A 干ばつや洪水から農地を守る対策が
なされていないからです。

食べ物が近くにあっても、
食べられない人がいます。

アフリカのサハラ砂漠以南では、
異常気象や天変地異で食料が手に入らず、
やむをえず飢える人たちがいます。
一方、豊かな国ならではの、
食に関する問題も存在します。

BMI
成人の肥満度を表す、
国際的な指標です。
BMI ＝ 体重kg ÷（身長m）^{2}

① 肥満の人も増えているって、ほんとう？

A 先進国だけでなく、
途上国でも増えています。

2019年のOECD（経済協力開発機構）の調査によると、15歳以上の肥満（BMIが25以上）の割合が75.2%ともっとも高かったのは、メキシコでした。飢餓人口の多いアフリカ諸国でも、次に十分食べられる機会が訪れるかどうかわからない不安から、食べられるときに多く摂取してしまい、肥満になる人が増えています。

肥満の割合が50%を超える欧米諸国は少なくありません。日本は26.7%です。

② 飢餓でなくても、
栄養が足りなくなることがあるの？

A 摂食障害も深刻な問題です。

摂食障害には、食事をほとんど摂らなくなる拒食症と、大量に食べてしまう過食症があります。体型コンプレックスを抱える10〜20代の女性に多く、栄養が不足したり偏ったりするため深刻な疾患を招きかねません。目標2には、「あらゆる形態の栄養不良を解消し、若年女子、妊婦・授乳婦及び高齢者の栄養ニーズへの対処を行う」ことも、ターゲットに含まれています。

③ 農業や畜産業での
イノベーションの例を教えて！

A ドローンやロボットによる収穫、
人工的な培養肉の開発が
進んでいます。

第一次産業でのイノベーションは、結果的に生産性アップや従事者の所得増につながります。SDKI Inc.によるレポート「米国の農業用ドローン市場―現在のシナリオと予測」（2021年2月9日）によると、アメリカの農業用ドローン市場 は、2025年までに1億4480万米ドルに達すると予測されています。培養肉については、アメリカ企業の培養肉が2020年12月、世界ではじめてシンガポールで認可がおり、規制解除の先鞭をつけました。

培養肉
肉の組織を培養してつくる、人工的な肉のことです。

光源にLEDを使った植物工場は、日本で比較的進んでいるスマート農業のひとつです。

ロボットやIoTの技術を利用して生産力を高めるスマート農業は、日本でも進められています。写真は農薬を散布する農業用ドローン。

★COLUMN★ 国連も認める、昆虫食の将来性

長野県や宮崎県の一部など、日本国内でも、昆虫食の伝統をいまに伝える地域があります。また、昆虫食に関する本が出版されたり、食材が輸入販売されたりするなど、注目度が高まっています。FAO（国際連合食糧農業機関）は、食糧危機の解決策のひとつとして、昆虫食を推奨しており、SDGsの目標2だけでなく、目標12「つくる責任つかう責任」にも通じるテーマになりそうです。

タイの露店で売られている、さまざまな昆虫の揚げ物。東南アジアでは一般的な食材です。

 3 すべての人に
健康と福祉を

Q 新型コロナウイルスは、
目標3の達成に影響する？

A はい。ターゲットには、
感染症の根絶も掲げられています。

クオリティ・オブ・ライフに直結する心と身体を健康に保つ目標です。

新型コロナウイルスの歴史的なパンデミックで、
私たちの健康への意識と、生活様式は大きく変わりました。
目標達成に立ちはだかる高い壁に立ち向かう前に、
健康面や福祉面での課題を確認しておきましょう。

① 世界では、どんな病気で人が亡くなっているの？

A 国民の所得によって、死因が大きく異なります。

世界の死因トップ10 （2019年）

順位	低所得国	高所得国
1位	新生児の疾患*	虚血性心疾患
2位	下気道感染症	アルツハイマーを含む認知症
3位	虚血性心疾患	脳卒中
4位	脳卒中	気管・気管支・肺がん
5位	下痢性疾患	慢性閉塞性肺疾患
6位	マラリア	下気道感染症
7位	交通事故	結腸・直腸がん
8位	結核	腎臓疾患
9位	HIV／AIDS	高血圧性肺疾患
10位	肝硬変	糖尿病

WHO（世界保健機関）は毎年、世界銀行の国民総所得に基づいて各国を4つの所得グループ（低、低中、高中、高）に分けて、死因を分析しています。
低所得国では、いまだ感染症（1位、2位、5位、6位、8位、9位）による死者の割合が多く、高所得国では2位の認知症が特徴的です。認知症による死亡者は、かなりの勢いで増加しています。

*出生児外傷、早産、新生児仮死、敗血症、感染症など
出典：The top 10 causes of death（WHO）

② 日本が目標達成できないのは、どうして？

A 「結核」と「主観的な幸福」が主な理由です。

医療制度が整っているように見える日本ですが、目標3は達成できていません。感染症である結核が根絶できていないことと、幸福度が低いことが、課題とされています。実は、日本の結核患者は先進国の中でも特に高く、約8,000人に1人の割合（2018年）となっています。

宮崎駿監督の映画『風立ちぬ』は、結核に苦しんだ堀辰雄の同名小説からインスピレーションを受けており、ヒロインの菜穂子も結核で亡くなっています。戦後に死亡率は低下しましたが、1996年から増加し、再興感染症として注目されました。

GNP（国民総生産）ではなくGNH（国民幸福量）を国の発展を図る指針としたブータン。一時期「世界一幸せな国」と評されましたが、SDGsの評価では、「主観的な幸福」は"課題が多い"とされています。幸福度を図る指標はいくつかあり、絶対的なものはありません。

③ 「主観的な幸福」って、なに？

A 自分自身が幸福であると考えられるかどうか、です。

国連の「持続可能開発ソリューション・ネットワーク」による世界幸福度報告書（2021年版）によると、日本は56位で主要先進国の中でも下位にあります。アジアでは、台湾の19位が最上位となっています。このような国際的な調査結果を見るまでもなく、自尊感情や自己効力感の欠如は、特に児童の間で増えており、教育現場では問題視されています。うつ病や自殺の増加、インターネット依存といったほかの課題も含め、フィジカルだけではなくメンタルヘルスをサポートする視点も、目標達成のためには必要になります。

★COLUMN★ ## 疫病と戦い続けてきた人類

新型コロナウイルスが猛威をふるう中、フランスの作家、カミュの小説『ペスト』がベストセラーとなりました。舞台は1940年代です。また、未知の疫病の流行を背景としたチェコの作家、チャペックによる戯曲『白い病』も、新訳が出版されました。古来、文学作品や絵画の中で、疫病の蔓延がたびたび描かれてきました。猛威をふるい続ける新型コロナウイルスの大流行は、その中のひとつでしかありません。私たちは、疫病の脅威を1つひとつ乗り越えていかなければならないのです。

『ペスト』カミュ（新潮文庫）

西アフリカにあるトーゴの首都・ロメの小学校で学ぶ女子児童。読み書きができる能力を持つ人の割合を識字率といい、教育水準を表す指標として用いられます。トーゴの識字率は50％を超えていて、西アフリカでは比較的よいほうです。

4 質の高い教育を
みんなに

Q

字が読めないと、どうなるの？

A 仕事につけなかったり、公共サービスを
受けられなかったりします。

子どもたちの教育の成否は、
持続する未来に大きく影響します。

貧困や不平等とも密接につながっている"教育"。
途上国でも就学率は増えていますが、
サハラ砂漠以南のアフリカでは、まだ十分ではありません。
一方、就学率・識字率ともに高い日本にも
教育に関する大きな問題がひそんでいます。

ユネスコ
スクール
ユネスコ憲章に示されたユネスコの理念を実現するため、平和や国際的な連携を実践する学校です。

「ESD」って、なに？
イーエスディ

A 「持続可能な社会づくりの担い手を育むための教育」です。

ESDは「Education for Sustainable Development（持続可能な開発のための教育）」の頭文字をとった略称で、2002年、ヨハネスブルグの「持続可能な開発に関する世界首脳会議」で日本が提唱し、その後も、日本がイニシアチブをとって取り組まれてきました。ESDは、目標4の、とりわけターゲット4.7に位置づけられています。

ESDを実践する拠点として、世界180か国以上の国・地域で11,000校以上がユネスコスクールに認定されています。写真は、そのうちの1校、玉川大学ユネスコクラブ部の学生による、町田市立南大谷小学校でのSDGs授業の様子。

ESDの視点に立った 学習指導で重視する 能力・態度	1. 批判的に考える力
	2. 未来像を予測して計画を立てる力
	3. 多面的・総合的に考える力
	4. コミュニケーションを行う力
	5. 他者と協力する力
	6. つながりを尊重する態度
	7. 進んで参加する態度

② 日本にひそんでいる問題って、なに?

A　不登校や「教育の質」です。

2018年度の文部科学省の報告によると、不登校の割合は、小中高とも増えており、特に小学生は、前年比28%も増加しています。
教育の質については、従来の偏差値重視の教育から脱却して、グローバル社会の中で、自分なりの答えを導き出す能力を育む教育を目指すべく、アクティブ・ラーニングなどを導入し、教育の変容を図っています。

いじめや学業不振、家庭内の問題など、不登校の原因はいろいろと考えられますが、早急な対応が求められます。

③ お手本にしたいのは、どこの国の教育?

A　ドイツやフィンランド、インドなどです。

第2次世界大戦の敗戦を経験したドイツでは、ゲオルク・エッケルト国際教科書研究所がユネスコとの共同プロジェクトで、敵国同士だったドイツとフランスが共同で歴史教科書を編纂・刊行しました。EU統合以降、ヨーロッパ市民教育に積極的に取り組んできたドイツは、国際教育の領域で高い評価を受けています。
インドでは、ユネスコが設立した「MGIEP（マハトマ・ガンジー平和と持続可能な開発のための教育研究所）」が、ESDと目標4（特にターゲット4.7）を推進する拠点となり、ワークショップを開催したり、出版物を刊行したりしています。ユースの自発性を重んじた教育プログラムとICT教育が充実していることでも有名です。

インドは、宗教伝統に基づく倫理性（非暴力の文化、親切心など）を前面に出した教育などで存在感を発揮しています。

ICT教育
タブレット端末やインターネットなどの情報通信技術を使った教育のこと。

発想力を育む幼児教育や環境教育で評価が高いフィンランド。写真は、日本について学ぶ授業の様子です。

写真は、ニュージーランドの第40
代首相、ジャシンダ・アーダーン。
同じく女性であるハリマ・ヤコブが
大統領を務めるシンガポールを訪
問し、式典で儀仗兵と談笑する様
子です。ニュージーランドは、ヨー
ロッパ諸国に割って入り、ジェン
ダー・ギャップ指数ランキング
（2021年）で4位となっています。

5 ジェンダー平等を
実現しよう

Q 日本の男女の地位の
格差は、どのくらい？

A　ジェンダー・ギャップ指数によると、
156か国中120位です。

日本の男女平等は
先進国中で最下位の評価です。

男女平等が進んだ欧米諸国だけでなく
アジアの国々の事例を見ると
より実感できるのが日本の現実です。
そもそもの考え方を根本から
変えていかなければなりません。

ジェンダー
生物学的な性別ではなく、
社会的に見た男女の区別の
ことです。

Ⓠ ジェンダー平等が
いちばん進んでいるのは、どこ？

A アイスランドです。

アイスランドは、ジェンダー・ギャップ指数
ランキングで1位です。アイスランドでは、
1980年にヴィグディス・フィンボガドゥティ
ルが、国民選挙で選ばれた世界初の女
性大統領に就任。2009年には、ヨハナ・
シグルザルドッティルが女性首相に就任
しました。

ヨハナ・シグルザルドッティルは同性愛者でもあり、同性結婚
をした世界初の国家元首にもなりました。

フィンランド（ランキング2位）のサンナ・マリンは、34歳で首
相に就任。就任当初の時点で、もっとも若い在職中の国家
指導者となりました。

② どうして日本は、ジェンダー・ギャップが大きいの?

A 不平等への無自覚が大きな要因です。

ジャーナリストの治部れんげ氏によると、男性の育児が根づいているスウェーデンでさえも、「平等にはまだ足りない」という発想をするそうです。あくまでも50:50を目指しているのです。一方日本は、「昔に比べれば、よくなった」という発想に陥っているのではないでしょうか。

ここで、日本と文化が近い、アジアのジェンダー・ギャップ指数を見てみましょう。アジア1位のフィリピンは、小学校から大学までの全課程の就学率や、専門職に占める男女比で、女性が男性を上回っているというデータもあります。

主なアジア諸国のジェンダー・ギャップ指数
フィリピン …………17位
シンガポール ……… 54位
タイ…………………… 79位
韓国 …………………102位
中国 …………………107位
日本 …………………120位
インド ………………140位

---

③ 日本の育休期間は、世界でも長いほうって、ほんとう?

A ほんとうですが、取得率はかなり低いです。

日本の育児休業期間は、ジェンダー・ギャップ指数が日本より上位のカナダやオランダよりも長く、制度自体もユニセフ（国連児童基金）から高い評価を受けています。しかし、厚生労働省の雇用均等基本調査（2019年）によると、男性の育休取得率は7.48%で、70%を超える北欧諸国に遠く及んでいません。

ニュージーランドのアーダーン首相は、在任中に産休をとっています。その間は、副首相が任務にあたりました。

★COLUMN★ **ハリウッドにもジェンダー格差が!?**

女性が活躍していて、男女の格差がないように見えるハリウッドの映画業界ですが、格差が厳然と存在します。2015年のアカデミー賞授賞式で助演女優賞を獲得したパトリシア・アークエットは、社会的発言が禁止されているにも関わらず、受賞スピーチで性差別の撤廃を訴え、会場内の女優や女性列席者の喝さいを浴びました。

アメリカのフロリダ州にある世界遺産、エヴァーグレーズ国立公園の湿地帯。水質汚染など
が原因になり、複数回、危機遺産に登録されています。写真はベニヘラサギ。

6 安全な水とトイレ
を世界中に

Q 水がきれいになると、
どうなるの？

46

A　おいしい飲み水を水道から飲めたり、
水辺の生態系が豊かになったりします。

淡水の水質の良し悪しが
全生物の未来を左右します。

蛇口をひねれば当たり前のように水が飲めて、
清潔なトイレも多い日本ですが、目標6は未達成です。
目標達成までのハードルは
意外なところに潜んでいます。

水道水
国により基準が違いますが、日本では水道法で水道水質基準が細かく定められています。

⟲ この目標を達成している国はどこ？

A　フィンランド、チェコ、クロアチアの3か国です。

上記のヨーロッパ3か国は、上下水道が整備され、水質も高いと評価されています。ちなみにフィンランドは、国土の約10%を湖沼が占めている"森と湖の国"です。

フィンランドには、18万8000もの湖があると言われています。

② 日本のように水道水が飲める国はどこ?

A フィンランドや南アフリカ、ニュージーランド、カナダなどです。

国土交通省によると、日本を含む16か国が、水道水が飲める国とされています。「目標3 すべての人に健康と福祉を」には、飲料水へのアクセス、水質汚染の改善のほか、トイレなどの衛生サービスの普及も含まれています。

フィルターでろ過された湖水をもらいに来た子どもたち（インド・ターネー）。全世界の10分の3は、安全な飲料水サービスを受けられていません。

このように安心して水道の水が飲める国は、世界で見ると、ごくわずかです。

③ どうして日本は達成できていないの?

A 水不足になる可能性が指摘されています。

1人あたりが年間に使用できる水の量が1700トンを下回る状態を「水ストレス」と呼びます。日本は、水ストレスの高い国のひとつで、水不足の危険に常にさらされています。また、下水道の普及率は、先進国の中ではやや低めです。

降雨量が少なかったため、2019年5月19日に貯水量がゼロになった、愛知県の宇連（うれ）ダム。

7 エネルギーをみんなに
そしてクリーンに

Q クリーンなエネルギーって、
なに？

A 化石燃料以外の、
再生可能なエネルギーのことです。

再生可能エネルギーの開発で、脱炭素を促進します。

さまざまなクリーンエネルギーは、
地球温暖化に待ったをかける
脱炭素の取り組みと直結します。
電気の3割を石炭による火力発電に依存している
日本にとっても喫緊の課題です。

バイオ燃料
植物などの生物資源（バイオマス）でつくられる燃料のことです。

再生可能エネルギー開発で成功している国はある？

A ブラジルです。目標7をクリアしています。

広大な国土でサトウキビを大規模に栽培している
ブラジルでは、以前からサトウキビを原料としたバイオエタノールの生産に取り組んでいます。バイオエタノールとは、サトウキビやトウモロコシなどの作物を発酵させ、蒸留して作られる再生可能エネルギーです。

ブラジルのサトウキビ（写真）に対して、アメリカのバイオエタノールの原料は、主にトウモロコシです。

ブラジルのバイオエタノールの製造工場。バイオエタノールの生産量で、ブラジルはアメリカに次いで2位となっています（2019年）。

② 日本では、再生可能エネルギーは、なにが有力？

A 地熱発電は有望です。

火山や地震の多い日本は、世界第3位の地熱資源を持つ国です。そのため、火山性の地熱を利用する地熱発電は、日本の風土に合った発電所と言えます。ただし、発電所の設置に適した場所の多くが国立公園内にあるため、環境保全との折り合いをつけていく必要があります。

鹿児島県指宿市にある、九州電力の山川（やまがわ）発電所は、地熱発電所として知られています。

③ 再生可能エネルギーに、デメリットはないの？

A 発電コストがかかること、天候に左右されること、などが挙げられます。

発電所の工事費用や発電システムの基材調達などに費用がかかること、特に太陽光や風力発電は、天候の影響を受けることがデメリットです。

アブラヤシの実から採取されるパーム油（P.10）もバイオ燃料のひとつです。バイオ燃料の開発は、森林伐採・農地開発と裏腹の関係にあることにも、注意が必要です。

★COLUMN★
太陽光パネルの設置には、支援制度がある

太陽光発電を導入する場合は、都道府県や市町村から、設備の大きさに応じて補助金が交付されることがあります（国からの補助金は終了）。そのほか、太陽光発電システムや風力発電設備などの再生可能エネルギーを対象に、固定資産税を軽減する「再生可能エネルギー発電設備に係る標準課税の特例措置」という支援制度もあります。

Q
「働きがい」って、どういうこと？

オランダでは、フルタイムワーカーとパートタイムワーカーが、同一条件で正規雇用されています。雇用者・被雇用者が信頼関係で結ばれ、労働時間や仕事の配分を調整し合う一種のワークシェアリングは、「オランダ・モデル」とも呼ばれています。会社をチームととらえる考え方は家族関係にも影響し、その結果、父親の育児参加にもつながっています。

A 働きに見合った正当な報酬を
得られること、などです。

奇しくもコロナ禍が
働き方改革を促しました。

働き方でも、北ヨーロッパ諸国が最先端を走っています。
日本では、2019年4月に
働き方改革関連法が施行されました。
新型コロナウイルス蔓延による外出自粛などの影響で、
テレワークやオフピーク通勤が定着してきています。

**ワークライフ
バランス**

仕事とプライベートのバランスをとって、どちらも充実させる生活のことです。

⟟ 「働き方改革」は、目標8と関係するの？

A 大いに関係します。

厚生労働省によると、「働き方改革」とは「働く人々が個々の事情に応じた多様で柔軟な働き方を、自分で『選択』できるようにするための改革」とされています。この旗印と新型コロナウイルス蔓延の影響が相まって、ワークライフバランス、副業、テレワーク、シェアオフィスといったキーワードがよく聞かれるようになりました。正しく活用することで、人間らしい仕事（＝ディーセント・ワーク）の実現に近づくことができます。

東京都の調査（2021年2月後半実施）によると、都内企業（従業員30人以上）のテレワーク導入率は58.7％でした。
子育てや介護ができる、満員電車での通勤が不要といったメリットのほか、コスト削減など、経営面での利点もあります。

② 日本の非正規雇用も問題のひとつ?

A 貧困化につながる問題とされています。

総務省によると、アルバイトやパートタイマー、派遣社員などの「非正規雇用者」は、ここ10年ほど増加傾向が続いていました。非正規雇用者は、正規雇用の正社員と比べて給与が安く、労働条件が十分ではありません。「正社員になりたくてもなれない」状況が続くと、収入が減るほか、心身ともに健康な状態を保てなくなるリスクも高まり、問題視されています。

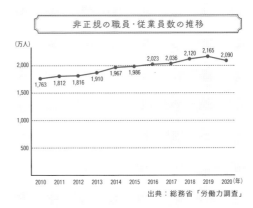

非正規の職員・従業員数の推移

（万人）
1,763　1,812　1,816　1,910　1,967　1,986　2,023　2,036　2,120　2,165　2,090

2010 2011 2012 2013 2014 2015 2016 2017 2018 2019 2020（年）

出典：総務省「労働力調査」

---

③ 日本の労働時間は長いほう?

A 年間1,644時間で、37か国中の16位です。

OECD（経済協力開発機構）の調査によると、日本の労働時間は年間1,644時間（1日7時間弱）で、日本より長い国がいくつもあります。たとえば、メキシコ（2,137時間）、韓国（1,967時間）、アメリカ（1,779時間）などです。労働時間の短い国は北ヨーロッパに多く、労総生産性はいずれも上位にランクインしています。日本の労働時間は意外に短いですが、一方、労働生産性の低さは大きな課題です。

また、過労死は「karoshi」として『オックスフォード英語辞典』に掲載されています。

主要国の労働時間と労働生産性

順位 37か国中	国名	1年間の 労働時間 （単位：時間）	労働生産性 （時間あたり）
1位	デンマーク	1,380	4位、84.6ドル
2位	ノルウェー	1,384	3位、91.0ドル
3位	ドイツ	1,386	12位、74.7ドル
4位	オランダ	1,434	11位、74.9ドル
5位	スウェーデン	1,542	7位、77.1ドル
16位	日本	1,644	21位、47.9ドル

＊いずれも2019年OECD調べ

メキシコの労働時間の長さは、始業が早い海外資本の工場が増えていることや、週休1日の企業が多いことなどが理由と考えられています。一方、幸福度ランキングは24位で、日本よりずっと上位にランクインしています。

9 産業と技術革新の基盤をつくろう

Q 自動運転の車が増えると、
どんなメリットがあるの？

自動運転では、人間が運転する場合と比べて無駄にエンジンをふかすことがないため、二酸化炭素の排出量を減らすことができます。一方、2018 年にアリゾナ州で起きた Uber の自動運転車の試行運転中に起きた死亡事故は、安全のために乗車するセーフティドライバーの人為的ミスが最大の要因とされており、"自動化"の欠点も明らかになりました。写真は、駐車場いっぱいに停められた、ボルボ製の Uber の自動運転車（アメリカ・ピッツバーグ）。

A 二酸化炭素排出量や、人為的ミスによる
事故を減らすことができます。

技術開発は日進月歩ですが、
同時に課題も多く抱えます。

SDGsの目標は、お互いに密接に関わり合いますが、
中でもさまざまな分野でのイノベーションは、
わかりやすくほかの目標達成につながっていると言えるでしょう。

Q 技術革新で達成できる、
ほかの目標の例を教えて！

A 貧困、水質改善、働き方など、たくさんあります。

情報通信機器を活用して、直接対面しなくても診療を受けることができる「遠隔医療」は、簡単に通院できない山間部などの僻地や離島住民の健康維持に貢献するイノベーションです。日本でも、コロナ禍で遠隔医療の条件が緩和されるなどして、改めて注目を浴びました。

遠隔医療は、コロナ禍での病院の負担を軽減する役割も果たしています。写真は、中国・南京市のオンライン診療の様子。

台湾のデジタル担当政務委員、オードリー・タンは、コロナ禍の中、マスク在庫をリアルタイムで確認できるアプリを開発し、台湾の感染拡大防止に貢献。トランスジェンダーでもあるタンは、"平等"の象徴でもあります。

② AIの性能は、どこまで進歩しているの？
エーアイ

A 確実に進歩していますが、課題もあります。

AI（人工知能）を仮に「人間のように考えるコンピューター」と定義すると、囲碁や将棋、チェスの名人にAIが勝利したニュースが話題になったことからも、大きく進歩を遂げていることがわかります。メンタルを扱う職業やアーティストの代わりは難しいとされていましたが、その認識も変わりつつあります。

> ### AIが解決してくれる課題
>
> ● 労働力不足や過酷労働、およびそれに起因する問題
> 　（例えば、介護、モニタリング、セキュリティ維持、教育）
> ● 農業・漁業の自動化による人手不足問題の緩和
> ● 犯罪の発生予知、事故の未然防止、個々人の必要に応じたきめ細かいサービスの提供、裁判の判例調査、医療データの活用等での課題
> ● 職人の知識／ノウハウの体系化による維持と伝承

出典：総務省「ICTの進化が雇用と働き方に及ぼす影響に関する調査研究」（2016年）

香港のハンソン・ロボティクスが開発した人型AIロボット「ソフィア」とイタリア人のアーティスト、アンドレア・ボナセトが共同で制作したアート作品が、68万8888ドル（約7500万円）で落札されました。AIの領域がアートの分野にも広がってきています。

---

③ 目標をクリアしている日本の課題はなに？

A 自然災害に耐えられるインフラ構築です。

目標9は、日本が達成している3つの目標のひとつですが、「レジリエントなインフラ」の構築に課題があることは、近年の大規模な自然災害で明らかになってきました。豪雨や津波の予測技術、災害情報収集システムなどの研究・開発が期待されます。

2019年の台風19号で増水した荒川。自然災害は激甚化し、従来の予防策が効きにくくなっています。

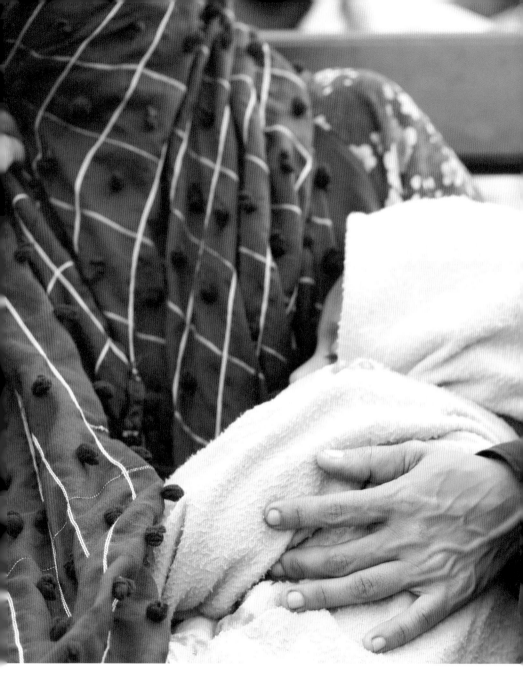

10 人や国の不平等 をなくそう

Q 人や国の
不平等の例を教えて!

現在は、国軍主導のクーデターで国際的に非難されている
ミャンマーですが、その前は、政府による少数民族・ロヒン
ギャの迫害が問題視されていました。ミャンマー政府は、ロ
ヒンギャが隣国のバングラデシュからの不法移民だと主張し
ており、迫害を受けた多数のロヒンギャが、バングラデシュ
に難民として逃れています。写真はロヒンギャ難民の子ども。

A ミャンマーでのロヒンギャの迫害が
問題になりました。

「自由と平等」と「差別化」の
ベクトルがせめぎ合っています。

人々のライフスタイルや趣味・嗜好が多様化し、
自由に自己を表現できる世の中は、
同時に"マイノリティ"が作り出され、
新たな差別や不平等を生んでしまうことがあります。

LGBT

LGBTといっても性的指向はさまざまです。性的指向や性自認がはっきりしないクエスチョニング（Q）、他者に魅力を感じないアセクシャル（A）などの表現もあります。

Q ほかにどんな不平等があるの？

A 障がい者、LGBT、外国人への差別など、たくさんあります。

アメリカのような多国籍国家や、移民を多く受け入れているヨーロッパ諸国では、人種差別が大きなムーブメントを起こす場合がありますが、日本にも、入居拒否などの外国人差別が存在します。

LGBT（レズビアン、ゲイ、バイセクシャル、トランスジェンダーといった性的少数者の総称）の尊厳とLGBTの社会運動を象徴する旗として1970年代から使われているレインボーフラッグは、日本でも広く知られるようになってきました。

ヘイトクライム

特定の人種や性的指向、宗教などをターゲットにした嫌がらせや暴力行為のことです。アメリカでは、新型コロナウイルスの感染拡大以降、アジア系に対する暴力が急増しています。

西アフリカのベナン人を父に持つプロバスケットボール選手、八村塁選手（NBAワシントン・ウィザーズ）は、弟の八村阿蓮選手のSNSに寄せられた人種差別的投稿に対してコメント。日本に潜む人種問題が浮き彫りになりました。

② 日本に特徴的な不平等はある?

A 学歴格差が特徴的です。

社会学者の吉川徹氏によると、日本の社会は、大卒か非大卒かで社会が分断され、さまざまな格差を生んでいる「学歴分断社会」だと言います。学生の就職活動でも、表向きは学歴不問をうたっていても、効率的な採用活動のために、ある程度の学歴フィルターをかけていることが多いようです。

日本の履歴書には、学歴を記入する欄が必ずあります。一方、アメリカの履歴書にも学歴欄がありますが、生年月日や性別、結婚歴や子どもの有無を問う欄や顔写真を貼るスペースを設けることは、差別にあたり、違法とされています。

---

③ 所得格差の評価基準はあるの?

A ジニ係数やパルマ比率があります。
日本はいずれも低水準です。

所得の不平等さを測る指標として用いられるジニ係数の日本の数値(2015年)は0.34です。これは、韓国やイタリア、オーストラリアと同程度ですが、北欧諸国(0.25〜0.28)などのヨーロッパの国々やカナダ(0.30)と比べると格差が大きくなっています。
日本のパルマ比率(上位10%の所得総額の下位40%の所得総額に対する倍率)は1.32で、ジニ係数と同じような位置づけになっています。

インド・ムンバイのスラム街(手前)と高層ビル群。日本では、このような明確な居住区域の分断はないかもしれませんが、見えないところで経済格差が広がり、不平等が発生しています。

★COLUMN★ 認定されにくい日本の難民受け入れ制度

2019年、日本で難民認定申請をした人は10,375人です。そのうち、難民として認定されたのは44人て、わずか0.4%に過ぎません。難民認定率が低い理由として、言葉の壁や偽装難民による制度の濫用などの理由が挙げられています。

●日本への難民申請者の主な国籍
スリランカ トルコ カンボジア ネパール パキスタン

建築設計事務所 noiz（ノイズ）が発表した、次世代型スマートシティの垂直版「SHIBUYA HYPER CAST. 2」。同事務所が外装とランドスケープのデザイン監修を担当した実在の「SHIBUYA CAST.」（東京・渋谷）のデザインをベースに、横に広がる都市を、縦に伸びるビル内に収めるというコンセプトでデザインしています。

11 住み続けられる
まちづくりを

Q
住み続けられる
街って？

A
誰もが安全に
暮らせる街です。
世界各地では、
「スマートシティ」の
プロジェクトが
進められています。

Photo：noiz

持続可能な街づくりは、世界各国で進められています。

目標11には、スラム街の環境改善や
都市のユニバーサルデザインも含まれます。
共通するのは、"誰もが安全に暮らせる街"です。

「スマートシティ」について、もっと教えて！

A　IoT技術を活用しつつ、
全体最適化が図られる持続可能な地区のことです。

スマートシティは、少子高齢化、都市部への人口集中といった課題に直面する一方、高い技術力や開発研究力を誇る日本が、世界の先頭を切って進めることができる取り組みのひとつかもしれません。

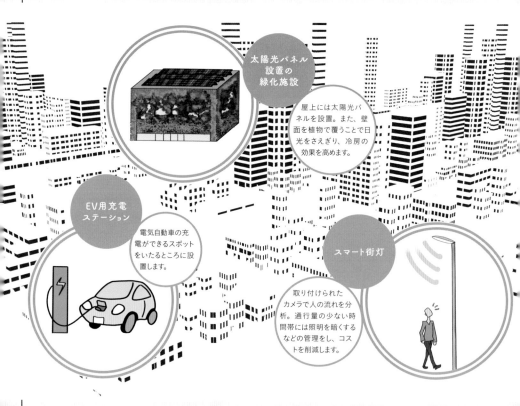

太陽光パネル
設置の
緑化施設

屋上には太陽光パネルを設置。また、壁面を植物で覆うことで日光をさえぎり、冷房の効果を高めます。

EV用充電
ステーション

電気自動車の充電ができるスポットをいたるところに設置します。

スマート街灯

取り付けられたカメラで人の流れを分析。通行量の少ない時間帯には照明を暗くするなどの管理をし、コストを削減します。

内閣府・総務省・経済産業省・国土交通省が、地方自治体などのスマートシティへの取り組みを支援しています。

② いまもっともスマートシティに近いところは、どこ?

A デンマークのコペンハーゲンが挙げられます。

コペンハーゲンでは、街全体をひとつの実験場（ラボ）とみなし、環境にやさしいスマートシティを目指してさまざまな取り組みが行われています。たとえば、自転車専用道路での自転車数累計メーターの設置やスマート街灯の導入などです。またデンマークは、2050年までに化石燃料の使用をゼロにし、蓄積したノウハウを海外に輸出することを目標に掲げています。

自転車利用者が多いコペンハーゲン。自転車専用道路に渋滞情報や自転車数の累計メーターを設置する取り組みが進んでいます。

③ 日本では、どこがスマートシティなの?

A 千葉県の柏市などで、街づくりが進められています。

千葉県柏市では、柏市、三井不動産、柏の葉アーバンデザインセンターなどの公・民・学が連携して「柏の葉スマートシティ」の街づくりを進めています。そのほか、横浜市や札幌市、香川県高松市、福島県会津若松市など、全国各地でスマートシティの取り組みが進められています。目標11は、地方創生の足がかりにもなりうる目標です。

街のエネルギーの運用や管理、制御を、柏の葉スマートセンターで一括管理します。

ショップ＆オフィス棟には、太陽光パネルや壁面緑化が施され、再生可能エネルギーの活用やCO_2削減を実現します。

写真提供：三井不動産

★COLUMN★ トヨタが作る未来都市「Woven City」
ウーブン シティ

トヨタは、閉鎖した東富士工場(静岡県裾野市)の跡地に、東京ドーム約15個分もの広大な実験都市、「Woven City」を建設することを発表しました。トヨタの社員や関係者の居住スペースとしての利用が予定されています。

サステナビリティを意識した街づくりが計画されています。デザインは、デンマークの建築家ビャルケ・インゲルスです。

写真提供：トヨタ自動車

12 つくる責任
つかう責任

Q 身近なものが
エコになった例を教えて!

東京農業大学の学生が、草ストローのブランド「HAYAMI」を立ち上げました。写真は、原料となるレピロニアという草を収穫するベトナムの農家。草を使ったストローは、伝統的にベトナムなどで使われていたものです。

A プラスチックのストローが、
紙や草で作られるようになりました。

地球にやさしい経済活動は、企業が取り組みやすい目標です。

「エコ」や「オーガニック」に加え、
「エシカル」という言葉が聞かれるようになりました。
以前からあった"環境にやさしいものづくりや消費活動"が
改めて問い直されています。

最近のエコな事例をほかにも教えて！

A 「フードバンク」が改めて注目を集めています。

フードバンクは、食べられるにも関わらずパッケージが傷んでいたり、倉庫に格納できないくらい大量に作ってしまったりして流通にのせられない食品を、食べ物に困っている人に届ける活動です。アメリカで1967年に始まり、欧米を中心に広まっていますが、緊急事態制限下の生活困窮者の支援手段として、改めてクローズアップされています。

イギリス・ロンドンのフードバンクに寄せられた缶やビン詰めの食料。

ベルギー・リエージュのフードバンクを訪れるマチルド王妃（左）。ベルギーは、フランスに続きヨーロッパで2番目にフードバンクが創設されました。

② 日本では、どれくらいの食品を捨ててしまっているの?

A 1人あたり毎日茶わん1杯分の食べ物を捨てている計算です。

まだ食べられるのに食品が廃棄されてしまうことを「食品ロス」と言います。日本では、年間600万トン(2018年)の食品ロスが発生しています。これは、飢餓に苦しむ人に向けた世界の食糧援助量の1.4倍に当たりますが、食品ロスの解消は、目標2「飢餓をなくす」に対する、ひとつの解決策とも言えます。日本にもフードバンクが増えているほか、廃棄食品と困っている人をつなぐアプリ「TABETE(タベテ)」などが開発され、官民が協力して対策に取り組んでいます。

中国政府は、"皿の上にある食べ物を残さずにきれいに食べ尽くす"という意味の、「光盤行動」に力を入れています。写真は、「光盤行動」と書かれたプレートをテーブルにセットする飲食店の従業員。

③ 「エシカル」って、どういう意味?

A 「地球にやさしい」ということです。

英語の「エシカル(ethical)」は、本来は「倫理的な」という意味です。SDGsの観点では、人、地球環境、社会、地域に配慮していることを指し、「エシカル消費」「エシカルファッション」という使われ方をします。また、製品を作る企業側にも、エシカルな姿勢が求められるようになっています。ターゲット12.6で企業に対して取り組みを促していることもあり、目標12は、企業が最初に取り組みやすい目標と言えるでしょう。

SDGsのカラーホイールをあしらったピンバッジは、個人や所属する企業がSDGs活動に取り組んでいることをアピールするツールになります。手頃な価格で、国連本部のオンラインショップなどから購入できます。

★COLUMN★ 日本車のEV化は遅れている?

ヨーロッパでは、コロナ禍で乗用車の売り上げが落ち込む中、ヨーロッパ産の電気自動車(EV)の販売台数は伸びていると言います。また中国国営の大手自動車メーカー・SAIC Motorは、約47万円の格安EV「宏光ミニEV」を発表しました。そういった状況に比べると、日本のEV市場はやや遅れていると言わざるを得ません。

充電中のEV。EVは、CO_2を排出しない「エシカル」な商品です。

13 気候変動に
具体的な対策を

Q 温暖化で
なくなってしまいそうな国が
あるって、ほんとう?

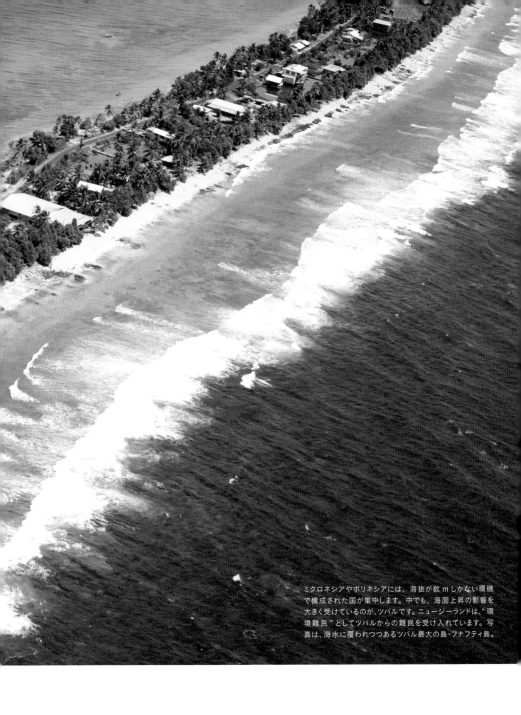

ミクロネシアやポリネシアには、海抜が数 m しかない環礁で構成された国が集中します。中でも、海面上昇の影響を大きく受けているのが、ツバルです。ニュージーランドは、"環境難民"としてツバルからの難民を受け入れています。写真は、海水に覆われつつあるツバル最大の島・フナフティ島。

A 南太平洋上にあるツバルです。

最優先で解決すべき
大きな目標です。

地球温暖化の影響で
沈みつつある国、
住処をなくす動物たち……。
それだけではありません。
SDGsの目標の8割は、
気候変動に関係するとも
言われています。

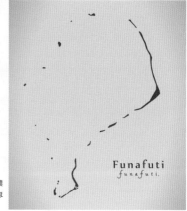

Funafuti
funafuti.

環礁でできたツバル・フナフティ島の地図（濃い部分が陸地）。幅は、狭いところで20mほどしかありません。

Q 二酸化炭素は、どうして地球によくないの？

A 温室効果ガスとして温暖化を招くからです。

二酸化炭素や水蒸気などからなる温室効果ガスは、赤外線を吸収する一方、一部を再放射しています。本来、地球の気温を一定に保つ役割を果たす、なくてはならない存在です。しかし、私たちの経済活動の結果、二酸化炭素が過剰に排出され、温室効果ガスが必要以上に赤外線を再放射した結果、気温が上昇し、地球が温暖化してしまいました。

地球が温暖化すると、生き物の生活環境にも大きな影響を及ぼします。温暖化で北極海の氷が解けるため、氷上で生活をしているホッキョクグマの生活環境が奪われ、一説によると、2100年までに絶滅するとされています。

② パリ協定って、なに?

A 温暖化対策の新しい枠組みです。

パリ協定は、「京都議定書」のあとを継ぎ、全世界で温暖化対策を進めていくための礎となる条約で、2015年12月にフランス・パリで開催されたCOP21で採択されました。世界共通の長期目標として、「2℃シナリオ」（P.18）を設定し、「1.5℃に抑える努力を追求すること」が決められました。

世界第2位のCO_2排出国・アメリカは、トランプ政権時にパリ協定から離脱。バイデン政権でパリ協定に復帰し、改めてCO_2削減に取り組むことを宣言しました。

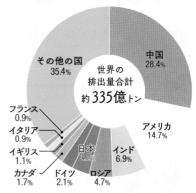

世界の二酸化炭素排出量の国別割合（2018年）

世界の排出量合計 約335億トン

中国 28.4%
アメリカ 14.7%
インド 6.9%
ロシア 4.7%
ドイツ 2.1%
日本 3.2%
カナダ 1.7%
イギリス 1.1%
イタリア 0.9%
フランス 0.9%
その他の国 35.4%

出典：EDMCエネルギー・経済統計要覧（2021年版）

③ 日本のCO_2削減目標は?

A 「2030年度までに2013年度の水準から46%削減」です。

日本はパリ協定で、「2030年度の温室効果ガスの排出を、2013年度の水準から26%削減すること」を目標に掲げましたが、2021年4月の気候変動サミットで、菅首相が「46%削減と、50%への挑戦」を表明しました。

日本では、二酸化炭素の直接排出量が多いのは、発電所などのエネルギー排出部門です。全体の40.1%を占めます（2018年度）。

★COLUMN★
温暖化の影響で発生する!? 未知の病

気温が上昇すると、以前は熱帯で発生していた伝染病（マラリアやデング熱など）が、温帯であるはずの日本で発生する、という影響も出てきます。ヒアリの流入も問題になりました。また、凍土が解けたために、地下に眠っていた未知のウイルスが覚醒し蔓延する、というリスクを指摘する科学者もいます。地球温暖化は、最優先に解決しなければならない深刻な問題なのです。

14 海の豊かさを守ろう

Q プラスチックごみは、
どうして環境によくないの？

ペットボトルなどのプラスチックごみは、きちんと処理されずに捨てられると、河川を通じて海に流れつきます。ごみは、知らずに食べた海洋生物を死に至らしめたり、体を傷つけたりします。写真は、インド洋に浮かぶモルディブの観光地化されていない島に破棄されたごみの山です。アメリカ人サーファーのアリソン・ティールはこの現実を目にし、自身のWebサイトで世界に発信しました。

A 最終的に海に行きつき、
生態系に悪影響を与えるからです。

気候変動やごみによる汚染が
海の生態系を脅かしています。

海や海洋資源の保全は、
海に囲まれ、海の恵みを受けてきた日本が
イニシアチブをとるべき課題です。
海洋教育も盛んになっています。

生態系

動植物だけではなく、それを取り巻く環境も含めた、大きなまとまりのことです。

Q マイクロプラスチックって、なに？

A 5mm以下の極めて小さいプラスチックのことです。

マイクロプラスチックには、歯磨き粉や洗顔料などのスクラブ剤に含まれる一次的なものと、ペットボトルやビニール袋が砕かれてできる二次的なものがあります。いずれも、川を流れ下って海に流出します。魚や貝が飲み込むと、それを人間が食べてしまうリスクがあるため、最近特に問題視されています。

魚や海鳥が簡単に飲み込めてしまう大きさです。

ハワイの海岸に打ち寄せられたマイクロプラスチック。

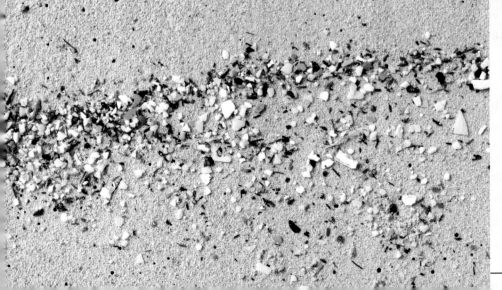

② 海洋資源の保全に熱心な国を教えて！

A パラオは、有害な日焼け止めの販売や持ち込みを禁止しました。

ダイビングやシュノーケリング目的の観光客が多く訪れるミクロネシアのパラオは、世界に先駆けて、サンゴ礁の成長に有害とされる物質を含む日焼け止めの販売、持ち込みを禁止しました。また、商業施設から出される大量のごみ対策にも力を入れ、リサイクルを推進しています。

ノコギリダイの群れとサンゴ礁（パラオ）。美しい海洋資源を守るためには、訪れる観光客の協力が不可欠です。

③ クロマグロが絶滅危惧種って、ほんとう？

A はい。そのため漁獲の制限や養殖などの対策がなされています。

寿司のネタとして日本人になじみの深いクロマグロは、2014年に絶滅危惧種Ⅱ類に指定されました。そのため未成熟な個体の漁獲高を減らしたり、完全養殖の技術開発を推進したりするなどの対策を進めています。

魚市場に整然と並べられたマグロ。日本の漁獲高は世界一です。

★COLUMN★ 「国連海洋科学の10年」がスタート

2017年の国連総会で採択されたのが、「持続可能な開発のための国連海洋科学の10年」です。これは、2021～2030年の10年間で、海洋科学の知識や開発基盤、パートナーシップを構築して、SDGsの目標14を達成するためのアクションプランです。四方を海に囲まれた海洋国家である日本のリーダーシップが期待されます。

環境省のレッドリスト（2020 年）によると、陸上の絶滅危惧種は 2019 年と比べて 40 種増加して、3,716 種となりました。写真は、カラマツの樹にとまる北海道のシマフクロウ（絶滅危惧 IA 類）。

15 陸の豊かさも守ろう

Q 日本では、どんな陸の生物が
絶滅危惧種なの？

A シマフクロウやコウノトリ、
イリオモテヤマネコなどです。

陸上でも、多くの生物が
絶滅の危機にさらされています。

目標15には、陸上の生態系だけではなく、
川や湖の生態系の保全も含まれています。
森林が減り続ける日本では、
町と野山の境界線にあたる
里山の大切さが、再認識されています。

レッドリスト

絶滅のおそれのある野生生物の種のリストのことです。日本では環境省などが作成しています。

外来種はどうして、環境によくないの？

A 生態系を乱すため、絶滅に追い込まれる種がでてくるからです。

もともとその場所には生息していなかったのに、人間の活動によって持ち込まれた生物が外来種です。生命力の高い外来種は繁栄し、その場所本来の生態系を破壊する危険な存在になることがあります。また、農作物や水産資源を食い荒らしたり、人を襲ったりする危険もあります。

縁日の屋台などで販売されていたミドリガメは、ミシシッピアカミミガメの幼体の通称です。いまや日本全国の池や沼に生息し、在来のカメや魚類の卵や、農作物を食べるなどの被害が報告されています。

春に可憐な花を咲かせるオオイヌノフグリも外来種です。在来のイヌノフグリをほぼ駆逐してしまいました。

② 人間と動物の間の トラブルの例を教えて！

A 人里に現れて、 農作物を食い荒らしたりします。

気候変動は、日本の動植物の生息環境にも影響を及ぼしています。クマやイノシシ、サル、シカなど、山間部に生息する動物が、エサ不足のために田畑や果樹園にやってきて、農作物を食べてしまう例が全国で報告されています。動物本来の生息地を開発した人間が招いたトラブルとも言えますが、そういった動物を害獣として駆除せざるをえない、複雑な問題を提起しています。

野生動物が車にはねられる事故も起きています。写真は、奄美大島にある道路標識。

ツキノワグマは、地域によっては「絶滅のおそれのある」種とされますが、近年、人里付近での目撃例が増えており、農作物被害だけでなく、人が襲われるケースも報告されています。

③ 日本の里山が見直されているのはなぜ？

A 「人間と自然の共生」を 学ぶ場所として評価されています。

里山とは、人間の生活区域に隣接した山を指し、農業や林業などの産業や人間の営みに影響を受けた生態系が存在します。高齢化や都市への人口集中で荒廃して減少しましたが、身近に自然の大切さを学べる場を次世代に残す取り組みが行われています。

新潟県十日町市には、星峠の棚田（写真）のような、昔ながらの棚田が数多く残されています。3年に一度開催される「大地の芸術祭 越後妻有アートトリエンナーレ」は、里山景観再認識のきっかけになりました。

★COLUMN★ 気候変動が招く森林火災の被害

2019年秋から続いたオーストラリアの大規模森林火災は、コアラやカンガルー、ワラビーなどが生息地を追われ、過去に例をみない被害を出しました。少雨や熱波といった気候変動が原因のひとつとされています。

火災の現場から助け出された、治療中のコアラ。コアラは絶滅危惧種です。

16 平和と公正を
すべての人に

Q いま世界のどこで戦争や
内戦が起きているの？

エチオピア北部のティグレ州では、少数民族のティグレ人によるTPLF（ティグレ人民解放戦線）と政府軍の間での内戦が発生しました。写真は、TPLFへ向かう政府軍のトラック。

A　エチオピア北部やシリア、
　　イエメンなどです。

地球レベルでも個人の生活でも
暴力のない公平な社会を。

ひとくちに「暴力」といっても、
種類はいろいろあります。
真の平和を築くためには、
暴力の撲滅に大小は関係ありません。

暴力の種類

目標16のターゲットには、下記以外にも、ヘイトクライム、人身売買、武器の流通、組織犯罪に加え、司法や社会保障のもとになる出生登録の提供も含まれています。

戦争以外に、どんな暴力があるの？

A テロ、児童虐待や家庭内暴力などがあります。

目標16では、あらゆる暴力に関して利用しやすい司法を目指しています。個人間の暴力で根が深いのは、児童虐待です。2020年にWHO（世界保健機構）が発表したレポートによると、女性の5人に1人、男性の13人に1人が、0〜17歳の時期に性的虐待を受けたという報告があります。虐待は、子どもの心に癒えない傷を残します。

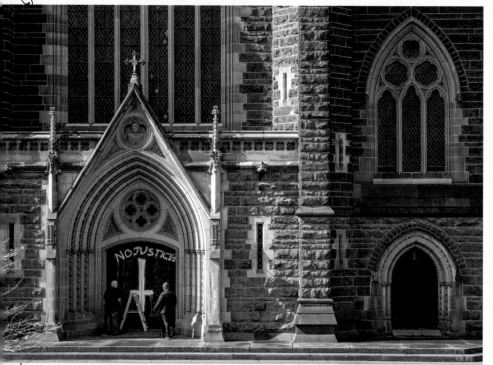

欧米では、キリスト教聖職者による未成年への性的虐待がたびたび問題になっています。オーストラリアのメルボルンでは、ローマ教皇の側近だったカトリック教会の高位の聖職者が最高裁で逆転無罪となり、波紋を呼びました。聖パトリック大聖堂には、何者かによって「NO JUSTICE（正義はない）」と落書きされました。

② 最近、激しいデモが多いのはなぜ？

A コロナ・ショックもあり、世界中で緊張状態が続いているからかもしれません。

デモ隊の米議事堂占拠の翌日、アメリカの国会議事堂に新たに設置されたフェンスを前に立つ州兵。

バイデン大統領の就任式では、22歳（当時）の詩人、アマンダ・ゴーマンが、議会襲撃事件に衝撃を受けて一気に書き上げた詩を朗読しました。

2020年から2021年にかけては、香港の民主化デモ、トランプ支持者デモ隊によるアメリカの議事堂占拠、ミャンマー国軍のクーデターに反対する民衆のデモなど、死者が出る激しいデモが行われました。新型コロナウイルス蔓延で全世界の人々がさまざまな制限を課される中、一触即発の火種が、いたるところでくすぶっていると言えるかもしれません。

③ どうして目標16に「汚職と贈賄の撲滅」が含まれるの？

A 経済の発展を阻害し、犯罪を誘発するからです。

汚職のない公平な司法や警察機構は、犯罪を取り締まり、暴力行為を防ぎます。国際NGO「トランスペアレンシー・インターナショナル」の調査によると、腐敗認識指数の低い（汚職の多い）国は、政情が安定しないアフリカや中東の国に多く、腐敗認識指数の高い（汚職の少ない）国の1位は、デンマークとニュージーランドとなっています。

世界の腐敗認識指数（2020年）

順位	上位国	順位	下位国
1位	デンマーク	174位	赤道ギニア
1位	ニュージーランド	174位	スーダン
3位	フィンランド	176位	ベネズエラ
3位	シンガポール	176位	イエメン
3位	スウェーデン	178位	シリア
3位	スイス	179位	ソマリア
19位	日本	179位	南スーダン

出典：トランスペアレンシー・インターナショナル
（Transparency International）

★COLUMN★ **現在進行形の国際対立**

実際に戦争や内乱になっていなくても、国家間の緊張が高まっている場面は少なくありません。特に、経済問題、安全保障問題、ウイグル・香港問題などが複雑にからみ合う米中関係の悪化は、世界の分断を引き起こしている大きな問題と言えます。日本では大きく報道されませんが、世界ではほかに、以下のような対立が起きています。

- ●日本と韓国（徴用工、慰安婦問題）
- ●アメリカとベネズエラ（経済制裁）
- ●アメリカとイラン（核開発）
- ●イスラエルとパレスチナ（居住区問題）

17 パートナーシップで
目標を達成しよう

Q 目標17の「パートナーシップ」について教えて!

ユニセフ（国際連合児童基金）やユネスコ（国際連合教育科学文化機関）などの国際機関は、それぞれの分野で支援活動やイベントを開催して、目標達成のためのパートナーシップで、先頭に立っています。

A 1から16までの目標達成に必要な、
グローバルな協力を促すための目標です。

SDGs実現に向けた行動すべてにパートナーシップが必要です。

パートナーシップは、日本語に訳すと「協力関係」。
1から16までの目標とは違い、
アクションの進め方自体を目標にしたのが目標17です。
ターゲット数は19個と最大で、
多岐にわたってグローバルな協力関係を促しています。

ODA
政府開発援助。政府が開発途上国に行う資金や技術の協力のことです。

目標17をクリアしている国はどこ？

A　ノルウェー、南アフリカ、ウルグアイなどです。

先進国であるノルウェーは、開発援助費の支出、健康や教育に充てる十分な予算など、途上国である南アフリカは、助成金を除いた国の収入などの基準をクリアしています。日本は、ODA（政府開発援助）のGNI（国民総所得）比0.7％を実現するという目標を、いまだ達成できていません（0.29％・2019年）。

主要援助国のODA 対国民総所得比 0.7％の国際目標を達成している国

ルクセンブルク
ノルウェー
スウェーデン
デンマーク
イギリス

日本の開発援助で架けられた、カンボジアの「きずな橋」（2001年開通）。メコン川で分断されて、開発から取り残されていた地域の活性化に貢献しました。

② 「ステークホルダー」って、なに？

A 利害関係者のことです。

SDGsを学んでいると、「ステークホルダー」という言葉をよく目にします。この言葉は、1980年代にアメリカの哲学者、R・エドワード・フリーマンによって概念化され、ビジネス用語として使われるようになりました。ターゲット17.16では、複数のステークホルダーによるパートナーシップを「マルチステークホルダー・パートナーシップ」と表現しています。

> 「stake」（掛け金）を「holder」（有する人）が語源で、もともとは投資者を指していました。

③ 日本のパートナーシップの例を教えて！

A 「SDGs未来都市」が挙げられます。

政府は、経済・社会・環境の3つの側面で、持続可能な開発を実現するポテンシャルを持つ33都市を選定し、「SDGs未来都市」としました。国、自治体、市民、民間企業などのステークホルダーが協力し合い、地方創生とSDGsを実現していく代表的な例と言えます。

「2040年までに20～39歳の女性人口が半減する」と予測された東京都豊島区は、「消滅可能性都市からの脱却～持続して発展できる『国際アート・カルチャー都市』への挑戦～」を目指します。写真は、電気バス「IKEBUS（イケバス）」。

東日本大震災で甚大な被害を受け、復興の途上にある宮城県石巻市。その経験をふまえ、「最大の被災地から未来都市石巻を目指して～グリーンスローモビリティと『おたがいさま』で支え合う持続可能なまちづくり～」と銘打って、持続可能な街づくりに取り組んでいます。

持続可能な社会のために
ナマケモノにもできるアクション・ガイド

レベル1：ソファに寝たままできること

● 電気を節約しよう。電気機器を電源タップに差し込んで、使ってない時は完全に電源を切ろう。もちろん、パソコンもね。

● いいね！するだけじゃなく、シェアしよう。女性の権利や気候変動についてソーシャルメディアでおもしろい投稿を見つけたら、ネットワークの友達にシェアしよう。

● 印刷はできるだけしない。覚えておきたいことをオンラインで見つけたら、どうするかって？ノートにメモしたり、もっといいのはデジタル付箋を使って、紙を節約すること！

● 照明を消そう。テレビやコンピューターの画面は意外と明るいから、必要ない時にはそれ以外の照明を消しておこう。

● オンライン検索すると、持続可能で環境にやさしい取り組みをしている企業が見つかるよ。そういう会社の製品を買うようにしよう。

● オンラインでのいじめを報告しよう。掲示板やチャットルームで嫌がらせを見つけたら、その人に警告しよう。

レベル2：家にいてもできること

● ドライヤーや乾燥機を使わずに、髪の毛や衣服を自然乾燥させよう。衣服を洗う場合には、洗濯機の容量をフルにして使おう！

● 短時間のシャワーを利用しよう。ちなみに、バスタブ入浴は5〜10分のシャワーに比べて、水が何十リットルも余計に必要になるよ。

● 肉や魚を控えめに。肉の生産には植物よりも多くの資源が使われているよ。

● 生鮮品や残り物、食べ切れない時は早めに冷凍しよう。翌日までに食べられそうにないテイクアウトやデリバリーもね。そうすれば、食べ物もお金も無駄にしなくて済むからね。

● できるだけ簡易包装の品物を買おう！

● 窓やドアの隙間をふさいでエネルギー効率を高めよう！

● エアコンの温度を、冬は低め、夏は高めに設定しよう！

● 古い電気機器を使っていたら、省エネ型の機種や電球に取り替えよう！

国連では、私たちが日常生活ですぐに取り組むことができるSDGsのためのアクションを
「ナマケモノにもできるアクション・ガイド」として提案しています。その一部を紹介しま
すので、できること、続けられることから、はじめてみましょう。

出典：https://www.unic.or.jp/news_press/features_backgrounders/24082/（国際連合広報センター）

レベル3：家の外でできること

● 買い物は地元で！地域の企業を支援すれば、雇用が守られるし、長距離トラックの運転も必
　要なくなる。
● 「訳あり品」を買おう！大きさや形、色が規格に「合わない」という理由だけで、捨てられてし
　まうような野菜や果物がたくさんあるよ。
● 詰め替え可能なボトルやコーヒーカップを使おう。無駄がなくなるし、コーヒーショップで値引きして
　もらえることも！
● 買い物にはマイバッグを持参しよう。レジ袋は断って、いつもマイバッグを持ち歩くようにしよう。
● ナプキンを取り過ぎないこと。テイクアウトを食べるのに、大量のナプキンは要らないはず。必要
　な分だけ取るようにしよう。
● 使わないものは寄付しよう。地元の慈善団体は、あなたが大事に使っていた衣服や本、家具
　に新しい命を吹き込んでくれるはず！

レベル4：職場でできること

● 職場のみんなが医療サービスを受けられているかな？労働者としての自分の権利を知ろう。
　そして、不平等と闘おう。
● 女性は男性と同じ仕事をしても、賃金が10%から30%低く、賃金格差はあらゆる場所で残っ
　ている。同一労働同一賃金を支持する声を上げよう。
● 社内の冷暖房装置は省エネ型に！
● 職場で差別があったら、どんなものであれ声を上げよう。性別や人種、性的指向、社会的背景、
　身体的能力に関係なく、人はみんな平等だから。
● 通勤は自転車、徒歩または公共交通機関で。マイカーでの移動は人数が集まった時だけに！
● 職場で「ノーインパクト（地球への影響ゼロ）週間」を実施しよう。せめて1週間でも、より持続
　可能な暮らし方について学んでみよう。
● 日々の決定を見つめ直し、変えてみよう。職場でリサイクルはできている？
　会社は、生態系に害を及ぼすようなやり方をしている業者から調達をしていないかな？
● 労働にまつわる権利について知ろう。

People
人間

Q
寄付すると、なにができるの？

A　たとえば、貧しい国に教材やおもちゃ、
感染症予防のワクチンなどを送れます。

97

困っている人を助ける寄付と
平等を求めて声をあげる行動を。

世界には、貧困や飢餓で苦しんでいる「People（人間）」がいます。
寄付は、もっとも取り組みやすい援助の方法です。
そのためにはまず、自分自身を健康に保ち、
所属する社会を豊かで健全にしなければいけません。

国際デー

国連では、国際家族デー（5月15日）、世界海洋デー（6月8日）、国際人権デー（12月10日）など、数多くの記念日を定めています。

ⓛ どうやって寄付すればいいの？

A 郵便局やコンビニで手続きができるほか、
一部の電子マネーでも寄付できます。

ユニセフでは、郵便局やインターネットバンキング、コンビニの情報端末での振り込みのほか、電子マネーの楽天Edyでの寄付を受け付けています。ただし、現時点では電子マネーでの寄付には規制があり、利用できるサービスはそれほど多くありません。

寄付ができる主な国際協力団体

- フリー・ザ・チルドレン・ジャパン
  https://ftcj.org/
- ユナイテッド・アース
  https://united-earth.jp/
- ワールド・ビジョン・ジャパン
  https://www.worldvision.jp/

空港には、使い切れなかった外国のお金を寄付できる募金箱が設置されていることもあります。日本の主要な空港にも、ユニセフの募金箱が設置されています。写真は、スワンナプーム国際空港（タイ・バンコク）の募金箱。

② 「国際女性デー」って、なに？

A ジェンダー平等について考えアクションする日で、毎年3月8日です。

「国際女性デー」は、1908年3月8日、アメリカのニューヨークで、女性労働者が労働条件の改善を求めてデモを行ったことをきっかけにして、1975年に国連によって定められました。日本も「ジェンダー平等と女性のエンパワーメントのための国連機関（UN Women）」の国内委員会を設置しており、毎年、国際女性デーのテーマを発表しています。

2021年の日本のテーマは「リーダーシップを発揮する女性たち：コロナ禍の世界で平等な未来を実現する」でした。オンラインで参加できるイベントも増えてきています。

パキスタンのカラチで行われた、国際女性デーのイベントの様子。パキスタンのジェンダー・ギャップ指数（2021年）は、日本より下位の153位でした。

---

③ メンタルヘルスの悩みは、誰に相談すればいいの？

A 相談窓口を利用したり、メンタルのプロに相談したりできます。

身体以上に個人差があり、最適な治療法を見つけにくいのが「心の不調」です。厚生労働省のこころの健康相談統一ダイヤル（☎0570-064-556）に電話をかけると、都道府県や市町村などの公的な相談窓口に接続され、係員に相談をすることができます。また日本では国家資格「公認心理師」ができ、2019年から認定がはじまりました。その結果、民間の臨床心理士とともに、より手厚くメンタルヘルスのフォローができるようになりました。

★COLUMN★ 個人の寄付が少ない日本

内閣府のWebサイトによると、2007年の日本の寄付総額は5910億円で、GDP（国内総生産）比は0.11%です。この数字は、アメリカ（36兆2258億円／2.20%）やイギリス（1兆812億円／0.80%）に遠く及んでいません。特に、日本の個人寄付の割合は19.1%と、非常に少ないようです。一方、手軽に寄付ができるクラウドファンディングが身近になった昨今、寄付に対するハードルが下がってきている傾向も見られます。

Q 観光業にも、
SDGsは関係するの？

サステイナブル・ツーリズム（持続可能な観光）は、未来を含めた地域の経済、社会、環境への影響を十分に考慮し、ツーリストや企業、環境、受け入れ側の地域のニーズに対応した観光のことです。世界遺産の白川郷（写真）、無形文化遺産の美濃和紙、世界農業遺産の「長良川の鮎」などを擁する岐阜県は、県庁に「清流の国づくり政策課」を設置し、サステイナブル・ツーリズムに積極的に取り組んでいます。

A 「サステイナブル・ツーリズム」という
考え方があります。

自然と調和した
産業、経済、社会を目指します。

経済活動と結びつきやすいSDGsの5つの目標は、
企業や自治体が取り組みやすい目標でもあります。
特に持続可能な観光業は、
私たち日本人に「Prosperity（豊かさ）」を
もたらしてくれる可能性を秘めています。

ツーリズム
観光や旅行に関する取り組み
やサービスのことを指します。

 「サステイナブル・ツーリズム」について、
もっと教えて！

A Prosperityに関わる5つの目標と深く関係します。

観光業は、「目標7 クリーンエネルギー」「目標8 適切な雇用」「目標9 イノベーション」「目標10 平等」「目標11 持続可能な街づくり」という5つの目標だけでなく、「目標12 持続可能な消費」や「目標14 海洋資源の保全」などの達成にも影響します。

2008年の第5回世界自然保護会議で、サステイナブル・ツーリズムのための基準「世界規模での持続可能な観光クライテリア」が発表され、世界中でその基準を満たす認証制度づくりが進んでいます。ディヤンディの滝（写真）があるアイスランドの西部フィヨルドは、サステイナブル・ツーリズムの国際認証を受けています。

② SDGsを重視している企業・団体を、探す方法ってあるの?

A 外務省のホームページにリストがあります。

「JAPAN SDGs Action Platform」では、SDGsに関連した取り組みをしている企業・自治体・NGO・教育機関などの事例を紹介しています。
https://www.mofa.go.jp/mofaj/gaiko/oda/sdgs/case/index.html

秋田県仁賀保(にかほ)高原にある風力発電所のプロペラ。すぐれた取り組みを行っている企業・団体を表彰するSDGsアワードで、SDGs推進本部長(内閣総理大臣)賞を受賞した「みんな電力株式会社」は、再生可能エネルギーを供給する事業の中で、"誰ひとり取り残さない"姿勢が評価されました。

③ 地方への移住も、SDGsにつながるの?

A 産業が活発化し、税収も増えて持続可能な街が生まれます。

日本では、東京や大阪などの都市部に人口が集中し、地方の過疎化が著しく進んでいます。コロナ禍でのテレワーク需要の追い風もあり、定住支援制度を用意する自治体も出てきています。東京の奥多摩町では、住宅購入、リフォームに補助金が交付されます。人口減少に悩む地方の自治体では、定住促進奨励金や、住宅建築補助、リフォーム支援など、いろいろなタイプの支援制度を設け、働く世代の定住をうながしています。

東京都とは思えない豊かな自然が広がる奥多摩町。大阪府や福岡県など、都市圏を抱えるほかの都府県にも、支援制度や相談窓口があります。

★COLUMN★ 「伝統文化の教育」が育む持続可能な観光

小学校の学習指導要領では、社会や国語、道徳の授業で、生まれ育った地域の伝統文化に親しみ、後世に守り伝えていく必要性を学ぶように取り決められています。SDGsの目標8のターゲット8-9は、「雇用創出や各地の文化振興・産品販促につながる、持続可能な観光業を推進する政策を立案・実施する」となっています。子どもの伝統文化教育が、持続可能なツーリズムの成否のカギを握るとも言えます。

インドの綿花収穫の様子。コットンは、インドやパキスタン、西アフリカなどの発展途上国にとって大切な輸出品ですが、永らく先進国に有利な取引をされ、貧困や劣悪な労働条件の原因となっていました。

Planet
地球

Q
フェアトレードって、なに？

A 途上国の生産者や労働者の生活改善と
自立のための「公平な貿易」の仕組みです。

持続可能な消費と生産が
結果的に自然環境を守ります。

フェアトレードには
国際的な認証制度があります。
私たち消費者は、そういった商品を選んだり、
家庭レベルでCO_2排出量を減らす工夫をしたりして、
「Planet（地球）」の破壊抑止に貢献することができます。

**フード
マイレージ**

食品の生産地と消費地が近
ければフード・マイレージが
小さくなり、輸送による二酸
化炭素の排出量が軽減される
という考え方です。

フェアトレードの商品は、どうしたらわかるの？

A　国際フェアトレード認証ラベルが目印です。

開発途上国では、原料が不当に安く買われたり、児童が働かせられていたり、環境破壊が起きたりしている場合があります。国際フェアトレード認証は、適正な価格とプレミアム（奨励金）の支払い、長期的な取引、児童労働の禁止、環境に優しい生産等を基準に定め、生産者の生活改善と自立を支援しています。国際フェアトレード認証の対象産品は、コーヒー、カカオ、コットン、紅茶、バナナ、花、スポーツボールなど多岐に渡ります。

国際フェアトレード認証ラベル

生産者への適正な価格の
支払い、労働環境保護、
農薬使用規制などの国際
フェアトレード基準をクリア
した製品には、このような
認証ラベルがついています。

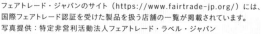

フェアトレード・ジャパンのサイト（https://www.fairtrade-jp.org/）には、
国際フェアトレード認証を受けた製品を扱う店舗の一覧が掲載されています。
写真提供：特定非営利活動法人フェアトレード・ラベル・ジャパン

② 家庭でできる省エネも、気候変動対策に効果があるの?

A CO₂削減に大きな効果があります。

日本のCO₂排出量のうち、住まいからのCO₂排出量(間接排出量＝電気を使った側から見る排出量・2019年度)は15.5%に当たります。そのうち、およそ半分は照明・家電製品から、4分の1は冷暖房からの排出となっています。環境省では、家庭でできる省エネルギー対策として、LEDなどの高効率電球の導入、省エネ家電への買い替え、住宅の断熱改修、地産地消などを推奨しています。

気候変動対策として誰でも比較的簡単にできるのが、LED電球への買い替えです。LED電球は割高ですが、大きな節電効果があります。

自動車などの運輸部門のCO₂排出量は20%で、住まいからの排出量を上回ります。シェアサイクルは、CO₂削減、混雑緩和などの観点から、ヨーロッパでは一般的になってきています。

---

③ 「地産地消」が、どうして気候変動防止に効果があるの?

A 輸送で使われる燃料による温室効果ガス発生を、カットすることができるからです。

「地産地消」とは、地域で生産された農林水産物を、生産された地域内で消費することです。輸送でトラックを長距離移動させる必要がないためCO₂の削減につながり、目標13の気候変動だけでなく、目標9の産業の基盤や目標11の街づくり、目標14、15の海と陸の生態系保護にもつながります。

道の駅には、地元の農林水産物の直売所が併設されていることがあります。また、地物の産物を素材にした料理を提供する飲食店も増えてきました。

Peace
平和

Q ミャンマー国軍の
市民デモへの弾圧は、
どうして続いているの？

独立以降、軍が民主派勢力を弾圧してきたミャンマーでは、2021年2月1日、国軍が民主政権を打倒するクーデターを起こしました。軍の支配に抗議する市民デモに対する弾圧は激しさを増し、実弾を発砲して市民を殺害するという暴挙に、海外でも批判の声が大きくなっています。写真は、大阪で行われた抗議デモの様子。

A 軍は、持ち続けていた権力を
　市民に渡したくないからです。

暴力はさまざまな形で、私たちのまわりに現れます。

武力、腕力、言葉を使った暴力を止めるには、
その結果待ち受ける苦しみや痛みと、
守るべき基本的人権を知っておく必要があります。

 平和な日本で、戦争中の国に対して、
できることはあるの？

A 戦争の悲惨さを知ることからはじめましょう。

世界遺産に登録されている原爆ドームや平和記念公園（ともに広島市）、長崎市の平和公園、ひめゆりの塔（沖縄県糸満市）などのほかにも、戦争の記憶をいまに伝える「戦争遺跡」が全国各地にあります。そのようなスポットを訪れたり、戦争を背景にした小説を読んだり、映画を観たりするのも、戦争の実態を知るために役立ちます。

長崎市の平和公園に建つ平和祈念像。毎年8月9日には、この像の前で平和祈念式典が執り行われます。

館山海軍航空隊の防空壕だった赤山地下壕跡（千葉県館山市）。通年見学できる、数少ない防空壕跡のひとつです。

② 「アムネスティ・インターナショナル」って、なに?

A 人権のために行動する、国際的なコミュニティです。

アムネスティ・インターナショナルは、ロンドンに本拠地があるイギリス発祥のNGO（非政府組織）で、国境を越えて、人権侵害被害者のためのさまざまな活動を行っています。アムネスティ日本は、1970年に誕生しました。

世界人権宣言

「すべての人民とすべての国とが達成すべき共通の基準」を宣言したものです。1948年の国連総会で採択されました。

アムネスティ日本のホームページでは、詩人で絵本作家でもある谷川俊太郎が翻訳した「世界人権宣言」を読むことができます。
https://www.amnesty.or.jp/lp/udhr/

---

③ 日本では、児童虐待が増えているの?

A 2019年度は相談件数が過去最多でした。

厚生労働省によると、2019年度に全国の児童相談所が対応した児童虐待の件数は19万3780件で、29年連続で最多を更新しています。特に、子どもの前で家族に暴力をふるうことで心理的にダメージを与える"心理的虐待"が増えています。加えて、相談に対応する職員数の不足も問題になっています。

★COLUMN★ 戦争の悲劇

戦争、テロ、犯罪などのニュースは連日のように報道されますが、全体像をつかむのは困難です。このような暴力行為の問題点を理解するきっかけとして利用しやすいのが、映画です。少し前になりますが、第2次世界大戦中の広島・呉を舞台にしたアニメ映画『この世界の（さらにいくつもの）片隅に』は、主人公すずの生きざまを通して、多くの若い世代や子どもに、戦争の悲劇を伝えてくれました。

『この世界の（さらにいくつもの）片隅に』
原作：こうの史代（双葉社刊）
監督：片渕須直
Blu-ray & DVD　発売中
発売・販売元：バンダイナムコアーツ

©2019こうの史代・双葉社／
「この世界の片隅に」製作委員会

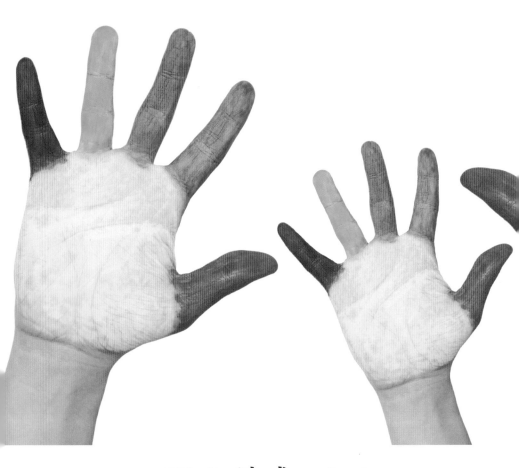

Partnership
パートナーシップ

Q SDGs達成のための
パートナーは
どこで探せばいいの？

JANIC（国際協力 NGO センター）は、SDGs も含めた環境問題や社会問題に取り組む
NGO を支援する団体。また、地方創生 SDGs 官民連携プラットフォームは、SDGs の実践
を通じて地方創生につなげることを目的に、内閣府が設置した交流の場です。いずれのホー
ムページにも会員の一覧があるので、協力し合えそうな団体を探すことができます。

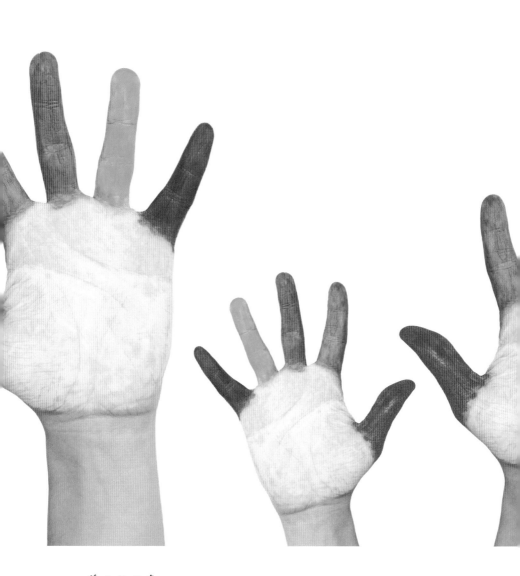

A 「JANIC」や「地方創生SDGs官民連携
プラットフォーム」が参考になります。

連携を後押しする協力団体の
ホームページが充実しています。

「SDGsのために何かをはじめよう」と思っても、
はじめはどうしていいかわからないもの。
そんなときは、志を同じくするパートナーを探しましょう。

❔ SDGsはどこで勉強できるの?

A 国連機関だけでなく、省庁や企業、自治体や団体が、
工夫をこらして資料や出版物を作成しています。

国際連合広報センターのWebサイトには、SDGsに関する情報やレポート、「すごろく」などの遊びながら学べるツールが掲載されています。省庁では、総務省、法務省、環境省、文部科学省などが、関連する分野に関する取り組みや事例、調査レポートなどをホームページやTwitterで公開しています。

●すごろくでSDGsを学ぼう
https://www.unic.or.jp/activities/economic_social_development/sustainable_development/2030agenda/go-goals/

地方創生SDGs官民連携プラットフォーム
会員一覧

(会員リスト 🔲 ›)

都道府県、市区町村 (1号会員)　　関係省庁 (2号会員)　　民間団体等 (3号会員)

904団体

北陸・中部
・新潟県　・富山県　・石川県
・福井県　・山梨県　・長野県
・岐阜県　・静岡県　・愛知県

中国・四国
・鳥取県　・島根県　・岡山県
・広島県　・山口県　・徳島県
・香川県　・愛媛県　・高知県

北海道・東北
・北海道　・青森県　・岩手県
・宮城県　・秋田県　・山形県
・福島県

関東
・茨城県　・栃木県　・群馬県
・埼玉県　・千葉県　・東京都
・神奈川県

近畿
・三重県　・滋賀県　・京都府
・大阪府　・兵庫県　・奈良県
・和歌山県

九州・沖縄
・福岡県　・佐賀県　・長崎県
・熊本県　・大分県　・宮崎県
・鹿児島県　・沖縄県

SDGsに関する書籍は、数多く出版されています。また、法務省のホームページでは、うんこドリルとコラボした「うんこ人権ドリル」がダウンロードできます(2022年3月31日まで)。http://www.moj.go.jp/JINKEN/jinken04_00216.html

企業、自治体や団体の取り組みも、地方創生SDGs官民連携プラットフォームのホームページで検索することができます。
https://future-city.go.jp/platform/member/

② どうして企業もSDGsを実践するの？

A 社会問題の解決が、企業の価値を高める社会だからです。

経済活動に関連するのは、目標8の経済成長をはじめとしたProsperity（豊かさ）に含まれる5つの目標だけではありません。ものを作る工程ではPlanet（地球）、雇用の観点ではPeople（人間）の目標も、密接に関係します。企業には、経営理念と結び付けながら社会貢献に取り組む姿勢が求められるようになっています。

サントリーは、ウイスキーづくりに欠かせない水に着目し、目標6の水質改善を最重点課題と位置づけて活動をしています。写真は蒸留所のある山梨県白州の渓谷。

SDGsに貢献する企業ブランド（2021年）

順位	企業名
1位	トヨタ自動車
2位	良品計画（無印良品）
3位	味の素
4位	日立製作所
5位	住友林業

調査対象企業は180社。18〜79歳の男女の9,000回答サンプルをもとに、企業の取り組みや商品、ブランドのサステナブル価値を評価指数化。

出典：「サステナブル・ブランド国際会議2021横浜内、生活者のSDGs（持続可能な開発目標）に対する企業ブランド調査『Japan Sustainable Brands Index』

SDGsへの取り組みの評価が高い企業ランキング（2020年）

順位	企業名
1位	トヨタ自動車
2位	アサヒビール
3位	旭化成
4位	サントリー
5位	パナソニック

調査対象企業は210社。投資経験者、ビジネスマン、SDGs認知者、専業主婦、若年層などのステークホルダー1万500人にアンケートを実施。

出典：ブランド総合研究所 ダイヤモンド編集部調べ

③ 「サプライチェーン」って、なに？

A 商品が消費者の手元に届くまでのプロセスのことです。

企業のSDGsへの取り組みを見ていると、「サプライチェーン」という用語をよく見かけます。これは、商品の原材料や部品の調達から始まり（風上）、製造、在庫管理、配送、販売を経て（風下）、最後に消費者に届くまでの一連の流れを意味します。企業は、自社だけではなく、風上から風下まで、サプライチェーンに連なる各企業のSDGsへの取り組みにも、目を配る必要があります。

たとえばサプライチェーンの「風上」で人権を無視して栽培された綿花を、商品の原料として使っていた場合、たとえその事実を「風下」の企業が知らなくても、本当の意味でSDGsを実践できているとは言えません。

★COLUMN★

SNSでSDGsのなかまを探そう

検索ツールとしても活用されるSNS。TwitterやInstagramで「#SDGs」を使って投稿を検索すれば、省庁や企業のアカウントだけではなく、SDGsに関心のある個人の投稿を読むことができます。SDGsに興味があると公言するタレントの長濱ねるさん（元欅坂46）は、Twitterに「長濱ねるのSDGs日記」を投稿しています。

SDGs 達成度ランキング（2020年）◇◇◇

持続可能な開発ソリューション・ネットワーク（SDSN）による、SDGsの達成度を調査したレポート「持続可能な開発報告書2020（Sustainable Development Report）」が、2020年6月に発表されました。上位30か国と下位15か国、そのほか主な国の結果は、以下の通りです。みなさんはランキングを見て、どんなことを思うでしょうか？

出典：ベルテルスマン財団、SDSN「Sustainable Development Report 2020」
https://dashboards.sdgindex.org/rankings

	トップ30の国		
順位	国名	達成目標数	合計スコア
1	スウェーデン	4	84.72
2	デンマーク	2	84.56
3	フィンランド	5	83.77
4	フランス	1	81.13
5	ドイツ	0	80.77
6	ノルウェー	6	80.76
7	オーストリア	2*	80.70
8	チェコ	3*	80.58
9	オランダ	1	80.37
10	エストニア	2	80.06
11	ベルギー	0	79.96
12	スロベニア	2	79.80
13	イギリス	0	79.79
14	アイルランド	2	79.38
15	スイス	2*	79.35
16	ニュージーランド	1	79.20
17	**日本**	**3**	**79.17**
18	ベラルーシ	1*	78.76
19	クロアチア	3	78.40
20	韓国	1	78.34
21	カナダ	1	78.19
22	スペイン	0	78.11
23	ポーランド	2	78.10
24	ラトビア	2	77.73
25	ポルトガル	1	77.65
26	アイスランド	4	77.52
27	スロバキア	1*	77.51
28	チリ	0	77.42
29	ハンガリー	2*	77.34
30	イタリア	0	77.01

順位	国名	達成目標数	合計スコア
31	アメリカ	0	76.43
37	オーストラリア	1	74.87
41	タイ	1	74.54
48	中国	3	73.89
49	ベトナム	3	73.80
53	ブラジル	1	72.67
57	ロシア	1	71.92
59	イラン	1	71.81
60	マレーシア	1	71.76
69	メキシコ	0	70.44
70	トルコ	0	70.30
93	シンガポール	4**	67.00
99	フィリピン	1	65.50
110	南アフリカ	1	63.41
117	インド	1	61.92

下位の国

順位	国名	達成目標数	合計スコア
152	マラウイ	1*	52.20
153	シエラレオネ	2	51.91
154	ハイチ	1***	51.70
155	パプアニューギニア	1	51.66
156	マリ	1*	51.39
157	ニジェール	1*	50.15
158	コンゴ民主共和国	1*	49.71
159	スーダン	1	49.56
160	ナイジェリア	1	49.28
161	マダガスカル	1	49.14
162	リベリア	2	47.12
163	ソマリア	1***	46.21
164	チャド	1*	43.75
165	南スーダン	1****	43.66
166	中央アフリカ	2*	38.54

*海がないため、目標14のデータなし
**目標10のデータなし
***目標4、目標10の両方、またはいずれか一方のデータなし
****目標14、目標17のデータなし
*****国連加盟国193か国のうち、上の166か国以外の国は十分なデータなし

Q グレタ・トゥーンベリって、
　 どんな人？

スウェーデンのグレタ・トゥーンベリは、2018年、授業を欠席して気候変動対策を求めるストライキを敢行し、一躍有名になりました。以降もストライキのほか、国連や国際会議でのスピーチを続け、主に同世代の若者に影響を与えています。

A 世界中に気候変動対策を訴える、10代の環境活動家です。

環境や人権の大切さを
訴え続ける人たちがいます。

持続可能な地球を守るため、
世界中に向けて発信したり、
新しい仕組を創造したり……。
SDGsの実践のためには、
道を切り開くリーダーたちの声に耳を傾けることも必要です。

「MOTTAINAI」

ケニアの環境活動家、ワンガリ・マータイは、日本の「もったいない」という言葉と精神に感銘を受け、2005年に「MOTTAINAI」キャンペーンを展開しました。

ほかにも、有名な環境活動家はいる？

A ウガンダのヴァネッサ・ナカテが有名です。

ヴァネッサ・ナカテは、トゥーンベリの影響で活動をはじめ、アフリカ人という立場で熱帯雨林の保護やアフリカの経済発展を訴えています。トゥーンベリに推薦されて、雑誌『TIME』の「世界で最も影響力のある100人2021」にも選ばれました。

ウガンダで行われた環境保護のデモを先導するナカテ。SNSを上手に活用してストライキへの参加を求めるのが彼女の特徴です。

② 「ウイグル問題」って、どんな問題？

A 中国政府が、イスラム教徒のウイグル人を弾圧している問題です。

中国の新疆ウイグル自治区には、もともとウイグル人が多く住んでいましたが、漢民族の住民が増えていく過程で、ウイグル人の文化・風習が制限され、弾圧がはじまりました。その後、政府による弾圧、ウイグル人によるデモがしばしば繰り返され、いまに至ります。中国政府の報道規制などもあって、国外に実情が知られることはありませんでしたが、近年、国外に住むウイグル人が次々と声を上げ、国際世論に訴えはじめています。

ウイグル人の実業家だったラビア・カーディルは、懲役刑を受けたのち釈放。以降、海外を拠点に人権活動家として活動を続けています。

---

③ 「グラミン銀行」って、なに？

A ムハマド・ユヌスが創設した、低利・無担保の融資をする機関です。

バングラデシュの経済学者・実業家のムハマド・ユヌスは、貧しい人に低利・無担保で少額の融資（マイクロ・クレジット）を行い、自活を支援するグラミン銀行を創設しました。マイクロ・クレジットの手法は途上国を中心に広まり、功績が認められたユヌスは、2006年にノーベル平和賞を受賞しました。

ユヌスは、金銭的利益ではなく、社会的な利益を追求する「ソーシャル・ビジネス」を提唱したことでも知られています。

★COLUMN★ **環境活動家も対象になるノーベル平和賞**

ノーベル平和賞は本来、平和や軍縮に寄与した人物・団体に贈られる賞です。近年は、人権擁護活動や民主化運動といった広く暴力に反対する活動に貢献した人物に加え、環境保護活動家も授与の対象になっています。環境活動家としては、「MOTTAINAI」キャンペーンのワンガリ・マータイ（2004年）、インドのラジェンドラ・パチャウリ（2007年）が受賞しているほか、グレタ・トゥーンベリも候補に名を連ねています。

Q アフリカで、飢餓対策が
上向きになっている国はある？

「目標2 飢餓をゼロに」を達成している国はまだありません。サハラ砂漠以南のアフリカ諸国の中でも、タンザニア、マラウイ、アンゴラ、ベナンなどでは、飢餓や栄養失調が原因の乳幼児の病気や肥満が減少しているという調査結果もあります。写真は、タンザニア・ザンジバル島で、インド洋に元気に飛び込んで遊ぶ子どもたち。

A　タンザニアやアンゴラなどでは、
　改善の兆しがあるようです。

特性を活かして成功した
海外の施策を見てみましょう。

SDGsの17の目標の中には、
達成した国がひとつもないものが3つあります。
それでも、着々と達成に近づいている国に
学ぶべきことは多いはずです。

オープン〜

この形で使われるオープン
（open）は、「公開されている」
「誰でも参加できる」という意
味です。

Q 先進国以外で、
スマートシティの計画が進んでいるのは？

A 南アメリカのウルグアイです。

「目標11 住み続けられるまちづくり」を達成している国もまだありませんが、ウルグアイの首都・モンテビデオは、独
自のスマートシティ政策で一目置かれています。ウルグアイは、公教育無料化や再生可能エネルギーの利用、同
性婚の合法化を実施しており、ラテンアメリカの中でもっとも民主的でリベラルな国と言われています。

オープンデータ、オープンサービス、フリーソフトウェア、オープンナレッジの4原
則からなる「モンテビデオオープン」という施策のもと、建設許可、税金の支払
いなどの市の手続きの80%がデジタル化されています。また主要な道路には、交
通状況観測システムも導入されています。

ウミガメや色とりどりの魚が悠々と泳ぐ海域も世界遺産に登録されているガラパゴス諸島。旅行者による廃棄ごみが増えたことをきっかけに、エクアドル政府は2014年、諸島内でのプラスチック袋と発泡スチロールの使用を禁止しました。

② 海洋資源の保全で、
頑張っている国はどこ?

A チリやエクアドルなど、南アメリカの国々が挙げられます。

「目標14 海の豊かさを守ろう」を達成している国もまだありません。アマゾン川を抱えるブラジルやコロンビア、ペルーは、世界有数の生物多様性を誇っており、環境政策に力を入れています。海の生物多様性については、約6,400キロメートルの海岸線を誇るチリや、ガラパゴス諸島を擁するエクアドルがイニシアチブをとっています。

③ 日本が、ジェンダーの平等で
参考にしたいのは?

A 台湾がよいお手本になります。

台湾はジェンダー・ギャップ指数の調査対象外ですが、国会にあたる立法院での女性割合は、北欧諸国と肩を並べる高さです。議員候補者の一定数を女性と定める「クオータ制」を導入していることが、要因のひとつです。また、蔡英文 (さいえいぶん) は、女性としてはじめて総統に就任し、2020年に再選を果たしました。

蔡英文は、『Forbes』誌が選ぶ「世界で最もパワフルな女性100人」に、たびたび選ばれています。

Q SDGsに取り組む
地方自治体の例を教えて！

北海道の北部に位置する下川町（しもかわちょう）は、古くから林業が
盛んでした。比較的早い時期から、循環型森林経営やバイオマス燃料
の活用に取り組んできました。

A　北海道の下川町は、豊かな森林を
　　活かした地域づくりを進めています。

日本の自治体・学校・企業でも各種の施策が行われています。

最近では、自分たちのSDGsへの取り組みを
ホームページで紹介する団体が増えてきました。
ここでは、自治体や企業などによる
具体的なアクションの例を紹介します。

 下川町は、取り組みの結果、どうなったの？

A **若者の移住が増え、
人口減少・高齢化が食い止められた地区もあります。**

下川町は、森林のめぐみを活かす持続可能な地域づくりに取り組んでいます。山で利用されていない林地残材をチップ化し、そのチップを原料とした木質バイオマスボイラーにより、町の熱エネルギーの半分以上をまかなっています。また、木質バイオマスボイラーによる熱を活用したシイタケ栽培、町内産の木材を使った住宅づくりといった地産地消の取り組みが実を結び、豊かで自然にやさしい生活にあこがれる若者を惹きつけています。

木質バイオマスボイラーによる地域熱によって
育てたシイタケは、肉厚で、売り上げも好調
です。（写真提供：下川町）

約110人が暮らす下川町の「一の橋バイオビレッジ」の外壁には、
くん煙防腐処理をした地元材が使われています。（写真提供：下川町）

② SDGsの教育に力を入れている 学校の例を教えて!

A 愛知県の光ヶ丘女子高校の取り組みを紹介しましょう。

愛知県岡崎市にある光ヶ丘女子高校では、「SDGs の取り組みは、プリズムのように一つの課題に多彩な分析の視点と解決策を見出すこと。」という考えのもと、「SDGs is a Prism」をコンセプトとして、授業、クラブ活動、課外活動を通じてSDGsを学び、体験して、考える取り組みを行っています。

福祉コースでは、SDGs達成度の上位常連国であるデンマークへの研修旅行を実施しています。写真は、コペンハーゲンのインターナショナルスクール前での記念撮影。

写真提供：光ヶ丘女子高等学校

---

③ SDGsに取り組む企業の例を教えて!

A 味の素は、ベトナムで学校給食プロジェクトを実施しています。

味の素グループの現地法人「ベトナム味の素社」は、調理スタッフの知識がなくても栄養バランスがとれた献立を作成できるソフトウェアを開発し、2017年度末までに2,910校に導入しました。ベトナムでは、栄養の知識不足が原因で、農村部では低身長・低体重、都市部では肥満・高体重の子どもが増加していると言われています。

全国62か所の営業拠点の担当者が小学校を訪ね、献立ソフトの活用方法や、味の素グループ製品の給食への導入を説明しています。

写真提供：味の素株式会社

 「SDGsウォッシュ」には要注意!

行動がまったく伴っていないのに、ホームページなどでSDGsに配慮しているように見せかける行為を、「SDGsウォッシュ」と言います。企業や団体側がSDGsウォッシュをしないことはもちろんですが、私たち個人がSDGsのパートナーを選んだり、アクションを参考にしたりする場合も、ホームページで「あいまいでわかりにくい表現を使ってごまかしていないか?」「同業他社を貶めていないか」といった視点でチェックをして、SDGsに真摯に取り組んでいる企業・団体かどうかを見極める必要があります。

Q エシカルな商品を扱う
　企業の例を教えて！

ワンプラネット・カフェは、南部アフリカのザンビアで、通常
は廃棄されてしまう無農薬栽培をしたバナナの茎を買い取っ
て、日本で和紙の製法を活かしてバナナペーパーをつくり、
商品化する事業を展開しています。写真の中央に立つわら
屋根の建物は、バナナ工場の敷地内にあるオフィスです。

写真提供：ワンプラネット・カフェ

A ワンプラネット・カフェは
バナナペーパーを生産しています。

アートや文学、スポーツとも SDGsはつながります。

SDGsは、あらゆるジャンルの活動と結びつけて
考えることができます。
「誰ひとり取り残さない」が共通理念です。

ウェルフェア
トレード

「社会福祉（ウェルフェア）」と
フェアトレードを掛け合わせた
用語です。障がい者などがつ
くった商品を適正な価格で販
売するなどして、自立や社会
参加をうながす活動も含まれ
ます。

Q バナナペーパーで、どんなものができるの？

A 名刺やノートが作られています。

バナナペーパーはフェアトレード認証（WFTO 世界フェアトレード機関）を受けており、ほかにも商品の包装紙、紙袋、紙ハンガーや大学の卒業証書などにも使われています。バナナペーパー工場の一部はクラウドファンディングで建設され、現地での雇用促進にも貢献しています。

バナナペーパーでつくった名刺とノート。商品はオンラインで購入できます。
（写真提供：名刺 株式会社山櫻／ノート ミヤザワ株式会社）

ザンビアでのバナナの茎の収穫の様子。
写真提供：ワンプラネット・カフェ

② アート×SDGsの例を教えて！

A MOGU（モグ）の「障がい者アートプロジェクト」は、その一例です。

デザイン事務所のMOGUは、障がい者のアートをブックカバーやコースターのデザインに使用したり、建設現場の仮囲いに障がい者アートを活用したりするプロジェクトに取り組み、「目標8 働きがいも経済成長も」の達成を目指しています。

「本の包」（ほんのくるみ）は、障がいのあるアーティストが自身の世界観を思いのままに表現した作品をあしらったブックカバーです。

写真提供：MOGU

---

③ 子どもにSDGsを教えるのに最適な読み物はある？

A 『おはなしSDGs』のシリーズがあります。

講談社の『おはなしSDGs』シリーズは、児童文学賞受賞作家やベストセラー作家など、現代を代表する一流の童話作家による書き下ろし作品です。挿絵だけではなく、巻末には図表、グラフ、年表なども掲載されているので、学習にも最適です。

SDGsの17の目標の1つひとつが1冊（80ページ）になっています。写真は、「目標5 ジェンダー平等」「目標14 海の豊かさ」の巻。

---

④ スポーツとはどうつながっているの？

A 「スポーツSDGs」という取り組みがあります。

スポーツ庁によって提唱された「スポーツSDGs」は、人々を集めたり巻き込んだりするスポーツの力を使って、SDGsの認知度向上、社会におけるスポーツの価値の向上を実現すべく、企業やスポーツ団体に、連携を呼びかけています。

渋谷を拠点にした3人制バスケットボールチームの「TOKYO DIME」は、2020年シーズンから「DIME GREEN SDGs」を設定しました。TOKYO DIMEは、チーム創設当初から渋谷区内で清掃活動を実施していました。

写真提供：TOKYO DIME

未来を守る意識を定着させよう
SDGsおさらいクイズ20

Q.1 SDGs を日本語に訳すとどうなる?

Q.6 世界でいちばんジェンダー平等が進んでいる国は?

Q.2 国の水準と比べて貧しい貧困を、なんという?

Q.7 日本で「水」の課題といえば、なに?

Q.3 2019 年の調査で、15 歳以上の肥満の割合が世界一多かった国は?

Q.8 バイオエタノールの生産量が世界一の国は?

Q.4 日本で感染が増加傾向にある、再興感染症はなに?

Q.9 労働時間や仕事の配分を調整し合う仕組みを、なんという?

Q.5 日本の教育の問題を2つ挙げるとしたら、なにとなに?

Q.10 新型コロナウィルス対策などで活躍した台湾のデジタル担当政務委員は、誰?

SDGs達成に向けてアクションを起こすために、
SDGsの基本をクイズでおさらいしておきましょう。
すべて、本書の中で解説した内容から出題しています。
みなさんは何問、答えられますか？

Q.11 所得格差を測る指数は、パルマ比率と、もうひとつはなに？

Q.16 生態系を乱すおそれがあるとされる、縁日などで売られた外来種のカメはなに？

Q.12 トヨタが静岡県裾野市に建設している未来都市は？

Q.17 0〜17歳の間に、女性の5人に1人、男性の13人に1人が受けている暴力は？

Q.13 流通できない食品を、困っている人に届ける活動をなんという？

Q.18 ステークホルダーって、なんのこと？

Q.14 2021年の気候変動サミットで、日本が掲げた削減目標は？

Q.19 日本がクリアしている3つの目標は？

Q.15 絶滅危惧種に指定された、日本人になじみのある魚は？

Q.20 2020年の、日本のSDGs達成度は、世界で何位？

→解答はP.158

SDGsの17の目標
と
169のターゲット

SDGsでは、17の目標(goal)と、それらを達成するための具体的な169のターゲット(target)が設定されています。ここでは、すべての目標、ターゲットの日本語訳を掲載していますので、適宜、参考にしてください。

＊外務省の仮訳に基本的に準じています。
＊アルファベットのターゲットは、課題の達成を実現するための、手段や措置について示されています。
＊外務省のホームページでは、目標の進捗を測るためのグローバル指標も確認できます。
　https://www.mofa.go.jp/mofaj/gaiko/oda/sdgs/statistics/

[目標1]

あらゆる場所のあらゆる形態の貧困を終わらせる

1.1

2030年までに、現在1日1.25ドル未満で生活する人々と定義されている極度の貧困をあらゆる場所で終わらせる。

1.2

2030年までに、各国定義によるあらゆる次元の貧困状態にある、すべての年齢の男性、女性、子どもの割合を半減させる。

1.3

各国において最低限の基準を含む適切な社会保護制度及び対策を実施し、2030年までに貧困層及び脆弱層に対し十分な保護を達成する。

1.4

2030年までに、貧困層及び脆弱層をはじめ、すべての男性及び女性が、基礎的サービスへのアクセス、土地及びその他の形態の財産に対する所有権と管理権限、相続財産、天然資源、適切な新技術、マイクロファイナンスを含む金融サービスに加え、経済的資源についても平等な権利を持つことができるように確保する。

1.5

2030年までに、貧困層や脆弱な状況にある人々の強靭性（レジリエンス）を構築し、気候変動に関連する極端な気象現象やその他の経済、社会、環境的ショックや災害に暴露や脆弱性を軽減する。

1.a

あらゆる次元での貧困を終わらせるための計画や政策を実施するべく、後発開発途上国をはじめとする開発途上国に対して適切かつ予測可能な手段を講じるため、開発協力の強化などを通じて、さまざまな供給源からの相当量の資源の動員を確保する。

1.b

貧困撲滅のための行動への投資拡大を支援するため、国、地域及び国際レベルで、貧困層やジェンダーに配慮した開発戦略に基づいた適正な政策的枠組みを構築する。

[目標2]
飢餓を終わらせ、食料安全保障及び栄養改善を実現し、持続可能な農業を促進する

2.1
2030年までに、飢餓を撲滅し、すべての人々、特に貧困層及び幼児を含む脆弱な立場にある人々が一年中安全かつ栄養のある食料を十分得られるようにする。

2.2
5歳未満の子どもの発育阻害や消耗性疾患について国際的に合意されたターゲットを2025年までに達成するなど、2030年までにあらゆる形態の栄養不良を解消し、若年女子、妊婦・授乳婦及び高齢者の栄養ニーズへの対処を行う。

2.3
2030年までに、土地、その他の生産資源や、投入財、知識、金融サービス、市場及び高付加価値化や非農業雇用の機会への確実かつ平等なアクセスの確保などを通じて、女性、先住民、家族農家、牧畜民及び漁業者をはじめとする小規模食料生産者の農業生産性及び所得を倍増させる。

2.5
2020年までに、国、地域及び国際レベルで適正に管理及び多様化された種子・植物バンクなども通じて、種子、栽培植物、飼育・家畜化された動物及びこれらの近縁野生種の遺伝的多様性を維持し、国際的合意に基づき、遺伝資源及びこれに関連する伝統的な知識へのアクセス及びその利用から生じる利益の公正かつ衡平な配分を促進する。

2.4
2030年までに、生産性を向上させ、生産量を増やし、生態系を維持し、気候変動や極端な気象現象、干ばつ、洪水及びその他の災害に対する適応能力を向上させ、漸進的に土地と土壌の質を改善させるような、持続可能な食料生産システムを確保し、強靭（レジリエント）な農業を実践する。

2.a
開発途上国、特に後発開発途上国における農業生産能力向上のために、国際協力の強化などを通じて、農村インフラ、農業研究・普及サービス、技術開発及び植物・家畜のジーン・バンクへの投資の拡大を図る。

2.b
ドーハ開発ラウンドのマンデートに従い、すべての形態の農産物輸出補助金及び同等の効果を持つすべての輸出措置の並行的撤廃などを通じて、世界の農産物市場における貿易制限や歪みを是正及び防止する。

2.c
食料価格の極端な変動に歯止めをかけるため、食料市場及びデリバティブ市場の適正な機能を確保するための措置を講じ、食料備蓄などの市場情報への適時のアクセスを容易にする。

[目標 3]
あらゆる年齢のすべての人々の健康的な生活を確保し、福祉を促進する

3.1 2030年までに、世界の妊産婦の死亡率を出生10万人当たり70人未満に削減する。

3.2 すべての国が新生児死亡率を少なくとも出生1,000件中12件以下まで減らし、5歳以下死亡率を少なくとも出生1,000件中25件以下まで減らすことを目指し、2030年までに、新生児及び5歳未満児の予防可能な死亡を根絶する。

3.3 2030年までに、エイズ、結核、マラリア及び顧みられない熱帯病といった伝染病を根絶するとともに肝炎、水系感染症及びその他の感染症に対処する。

3.4 2030年までに、非感染性疾患による若年死亡率を、予防や治療を通じて3分の1減少させ、精神保健及び福祉を促進する。

3.5 薬物乱用やアルコールの有害な摂取を含む、物質乱用の防止・治療を強化する。

3.6 2020年までに、世界の道路交通事故による死傷者を半減させる。

3.7 2030年までに、家族計画、情報・教育及び性と生殖に関する健康の国家戦略・計画への組み入れを含む、性と生殖に関する保健サービスをすべての人々が利用できるようにする。

3.8 すべての人々に対する財政リスクからの保護、質の高い基礎的な保健サービスへのアクセス及び安全で効果的かつ質が高く安価な必須医薬品とワクチンへのアクセスを含む、ユニバーサル・ヘルス・カバレッジ（UHC）を達成する。

3.9 2030年までに、有害化学物質、ならびに大気、水質及び土壌の汚染による死亡及び疾病の件数を大幅に減少させる。

3.a すべての国々において、たばこの規制に関する世界保健機関枠組条約の実施を適宜強化する。

3.c 開発途上国、特に後発開発途上国及び小島嶼開発途上国において保健財政及び保健人材の採用、能力開発・訓練及び定着を大幅に拡大させる。

3.d すべての国々、特に開発途上国の国家・世界規模な健康危険因子の早期警告、危険因子緩和及び危険因子管理のための能力を強化する。

3.b 主に開発途上国に影響を及ぼす感染性及び非感染性疾患のワクチン及び医薬品の研究開発を支援する。また、知的所有権の貿易関連の側面に関する協定（TRIPS協定）及び公衆の健康に関するドーハ宣言に従い、安価な必須医薬品及びワクチンへのアクセスを提供する。同宣言は公衆衛生保護及び、特にすべての人々への医薬品のアクセス提供にかかわる「知的所有権の貿易関連の側面に関する協定（TRIPS協定）」の柔軟性に関する規定を最大限に行使する開発途上国の権利を確約したものである。

4 質の高い教育をみんなに

［目標4］
すべての人々への包摂的かつ公正な質の高い教育を提供し、生涯学習の機会を促進する

4.1

2030年までに、すべての子どもが男女の区別なく、適切かつ効果的な学習成果をもたらす、無償かつ公正で質の高い初等教育及び中等教育を修了できるようにする。

4.2

2030年までに、すべての子どもが男女の区別なく、質の高い乳幼児の発達支援、ケア及び就学前教育にアクセスすることにより、初等教育を受ける準備が整うようにする。

4.3

2030年までに、すべての人々が男女の区別なく、手の届く質の高い技術教育・職業教育及び大学を含む高等教育への平等なアクセスを得られるようにする。

4.4

2030年までに、技術的・職業的スキルなど、雇用、働きがいのある人間らしい仕事及び起業に必要な技能を備えた若者と成人の割合を大幅に増加させる。

4.5

2030年までに、教育におけるジェンダー格差を無くし、障害者、先住民及び脆弱な立場にある子どもなど、脆弱層があらゆるレベルの教育や職業訓練に平等にアクセスできるようにする。

4.6

2030年までに、すべての若者及び大多数（男女ともに）の成人が、読み書き能力及び基本的計算能力を身に付けられるようにする。

4.7

2030年までに、持続可能な開発のための教育及び持続可能なライフスタイル、人権、男女の平等、平和及び非暴力的文化の推進、グローバル・シチズンシップ、文化多様性と文化の持続可能な開発への貢献の理解の教育を通して、全ての学習者が、持続可能な開発を促進するために必要な知識及び技能を習得できるようにする。

4.a

子ども、障害及びジェンダーに配慮した教育施設を構築・改良し、すべての人々に安全で非暴力的、包摂的、効果的な学習環境を提供できるようにする。

4.c

2030年までに、開発途上国、特に後発開発途上国及び小島嶼開発途上国における教員養成のための国際協力などを通じて、質の高い教員の数を大幅に増加させる。

4.b

2020年までに、開発途上国、特に後発開発途上国及び小島嶼開発途上国、ならびにアフリカ諸国を対象とした、職業訓練、情報通信技術（ICT）、技術・工学・科学プログラムなど、先進国及びその他の開発途上国における高等教育の奨学金の件数を全世界で大幅に増加させる。

[目標5]

ジェンダー平等を達成し、すべての女性及び女児の能力強化を行う

5.1

あらゆる場所におけるすべての女性及び女児に対するあらゆる形態の差別を撤廃する。

5.2

人身売買や性的、その他の種類の搾取など、すべての女性及び女児に対する、公共・私的空間におけるあらゆる形態の暴力を排除する。

5.3

未成年者の結婚、早期結婚、強制結婚及び女性器切除など、あらゆる有害な慣行を撤廃する。

5.4

公共のサービス、インフラ及び社会保障政策の提供、ならびに各国の状況に応じた世帯・家族内における責任分担を通じて、無報酬の育児・介護や家事労働を認識・評価する。

5.5

政治、経済、公共分野でのあらゆるレベルの意思決定において、完全かつ効果的な女性の参画及び平等なリーダーシップの機会を確保する。

5.6

国際人口・開発会議（ICPD）の行動計画及び北京行動綱領、ならびにこれらの検証会議の成果文書に従い、性と生殖に関する健康及び権利への普遍的アクセスを確保する。

5.a

女性に対し、経済的資源に対する同等の権利、ならびに各国法に従い、オーナーシップ及び土地その他の財産、金融サービス、相続財産、天然資源に対するアクセスを与えるための改革に着手する。

5.b

女性の能力強化促進のため、ICTをはじめとする実現技術の活用を強化する。

5.c

ジェンダー平等の促進、ならびにすべての女性及び女子のあらゆるレベルでの能力強化のための適正な政策及び拘束力のある法規を導入・強化する。

[目標6]

すべての人々の水と衛生の利用可能性と持続可能な管理を確保する

6.1

2030年までに、すべての人々の、安全で安価な飲料水の普遍的かつ平等なアクセスを達成する。

6.2

2030年までに、すべての人々の、適切かつ平等な下水施設・衛生施設へのアクセスを達成し、野外での排泄をなくす。女性及び女子、ならびに脆弱な立場にある人々のニーズに特に注意を向ける。

6.3

2030年までに、汚染の減少、投棄廃絶と有害な化学物や物質の放出の最小化、未処理の排水の割合半減及び再生利用と安全な再利用の世界的規模での大幅な増加により、水質を改善する。

6.4

2030年までに、全セクターにおいて水の利用効率を大幅に改善し、淡水の持続可能な採取及び供給を確保し水不足に対処するとともに、水不足に悩む人々の数を大幅に減少させる。

6.5

2030年までに、国境を越えた適切な協力を含む、あらゆるレベルでの統合水資源管理を実施する。

6.6

2020年までに、山地、森林、湿地、河川、帯水層、湖沼などの水に関連する生態系の保護・回復を行う。

6.a

2030年までに、集水、海水淡水化、水の効率的利用、排水処理、リサイクル・再利用技術など、開発途上国における水と衛生分野での活動や計画を対象とした国際協力と能力構築支援を拡大する。

6.b

水と衛生に関わる分野の管理向上への地域コミュニティの参加を支援・強化する。

7 エネルギーをみんなに そしてクリーンに

[目標7]

すべての人々の、安価かつ信頼できる持続可能な近代的エネルギーへのアクセスを確保する

[目標8]

包摂的かつ持続可能な経済成長及びすべての人々の完全かつ生産的な雇用と働きがいのある人間らしい雇用(ディーセント・ワーク)を促進する

8.1

各国の状況に応じて、一人当たり経済成長率を持続させる。特に後発開発途上国は少なくとも年率7%の成長率を保つ。

8.2

高付加価値セクターや労働集約型セクターに重点を置くことなどにより、多様化、技術向上及びイノベーションを通じた高いレベルの経済生産性を達成する。

8.3

生産活動や適切な雇用創出、起業、創造性及びイノベーションを支援する開発重視型の政策を促進するとともに、金融サービスへのアクセス改善などを通じて中小零細企業の設立や成長を奨励する。

8.4

2030年までに、世界の消費と生産における資源効率を漸進的に改善させ、先進国主導の下、持続可能な消費と生産に関する10か年計画枠組みに従い、経済成長と環境悪化の分断を図る。

8.5

2030年までに、若者や障害者を含むすべての男性及び女性の、完全かつ生産的な雇用及び働きがいのある人間らしい仕事、ならびに同一価値同一賃金を達成する。

8.6

2020年までに、就労、就学及び職業訓練のいずれも行っていない若者の割合を大幅に減らす。

8.7

強制労働を根絶し、現代の奴隷制、人身売買を終らせるための緊急かつ効果的な措置の実施、最悪の形態の児童労働の禁止及び撲滅を確保する。2025年までに児童兵士の募集と使用を含むあらゆる形態の児童労働を撲滅する。

8.8

移住労働者、特に女性の移住労働者や不安定な雇用状態にある労働者など、すべての労働者の権利を保護し、安全・安心な労働環境を促進する。

8.9

2030年までに、雇用創出、地方の文化振興・産品販促につながる持続可能な観光業を促進するための政策を立案し実施する。

8.10

国内の金融機関の能力を強化し、すべての人々の銀行取引、保険及び金融サービスへのアクセスを促進・拡大する。

8.a

後発開発途上国への貿易関連技術支援のための拡大統合フレームワーク(EIF)などを通じた支援を含む、開発途上国、特に後発開発途上国に対する貿易のための援助を拡大する。

8.b

2020年までに、若年雇用のための世界的戦略及び国際労働機関(ILO)の仕事に関する世界協定の実施を展開・運用化する。

9 産業と技術革新の基盤をつくろう

[目標9]

強靱（レジリエント）なインフラ構築、包摂的かつ持続可能な産業化の促進及びイノベーションの推進を図る

9.1
すべての人々に安価で公平なアクセスに重点を置いた経済発展と人間の福祉を支援するために、地域・越境インフラを含む質の高い、信頼でき、持続可能かつ強靱（レジリエント）なインフラを開発する。

9.2
包摂的かつ持続可能な産業化を促進し、2030年までに各国の状況に応じて雇用及びGDPに占める産業セクターの割合を大幅に増加させる。後発開発途上国については同割合を倍増させる。

9.3
特に開発途上国における小規模の製造業その他の企業の、安価な資金貸付などの金融サービスやバリューチェーン及び市場への統合へのアクセスを拡大する。

9.4
2030年までに、資源利用効率の向上とクリーン技術及び環境に配慮した技術・産業プロセスの導入拡大を通じたインフラ改良や産業改善により、持続可能性を向上させる。すべての国々は各国の能力に応じた取組を行う。

9.5
2030年までにイノベーションを促進させることや100万人当たりの研究開発従事者数を大幅に増加させ、また官民研究開発の支出を拡大させるなど、開発途上国をはじめとするすべての国々の産業セクターにおける科学研究を促進し、技術能力を向上させる。

9.a
アフリカ諸国、後発開発途上国、内陸開発途上国及び小島嶼開発途上国への金融・テクノロジー・技術の支援強化を通じて、開発途上国における持続可能かつ強靱（レジリエント）なインフラ開発を促進する。

9.b
産業の多様化や商品への付加価値創造などに資する政策環境の確保などを通じて、開発途上国の国内における技術開発、研究及びイノベーションを支援する。

9.c
後発開発途上国において情報通信技術へのアクセスを大幅に向上させ、2020年までに普遍的かつ安価なインターネットアクセスを提供できるよう図る。

［目標10］

各国内及び各国間の不平等を是正する

10.1

2030年までに、各国の所得下位40%の所得成長率について、国内平均を上回る数値を漸進的に達成し、持続させる。

10.2

2030年までに、年齢、性別、障害、人種、民族、出自、宗教、あるいは経済的地位その他の状況に関わりなく、すべての人々の能力強化及び社会的、経済的及び政治的な包含を促進する。

10.3

差別的な法律、政策及び慣行の撤廃、ならびに適切な関連法規、政策、行動の促進などを通じて、機会均等を確保し、成果の不平等を是正する。

10.4

税制、賃金、社会保障政策をはじめとする政策を導入し、平等の拡大を漸進的に達成する。

10.5

世界金融市場と金融機関に対する規制とモニタリングを改善し、こうした規制の実施を強化する。

10.6

地球規模の国際経済・金融制度の意思決定における開発途上国の参加や発言力を拡大させることにより、より効果的で信用力があり、説明責任のある正当な制度を実現する。

10.7

計画に基づき良く管理された移民政策の実施などを通じて、秩序のとれた、安全で規則的かつ責任ある移住や流動性を促進する。

10.a

世界貿易機関（WTO）協定に従い、開発途上国、特に後発開発途上国に対する特別かつ異なる待遇の原則を実施する。

10.b

各国の国家計画やプログラムに従って、後発開発途上国、アフリカ諸国、小島嶼開発途上国及び内陸開発途上国を始めとする、ニーズが最も大きい国々への、政府開発援助（ODA）及び海外直接投資を含む資金の流入を促進する。

10.c

2030年までに、移住労働者による送金コストを3%未満に引き下げ、コストが5%を越える送金経路を撤廃する。

[目標11]
包摂的で安全かつ強靱（レジリエント）で持続可能な都市及び人間居住を実現する

11.1

2030年までに、すべての人々の、適切、安全かつ安価な住宅及び基本的サービスへのアクセスを確保し、スラムを改善する。

11.2

2030年までに、脆弱な立場にある人々、女性、子ども、障害者及び高齢者のニーズに特に配慮し、公共交通機関の拡大などを通じた交通の安全性改善により、すべての人々に、安全かつ安価で容易に利用できる、持続可能な輸送システムへのアクセスを提供する。

11.3

2030年までに、包摂的かつ持続可能な都市化を促進し、すべての国々の参加型、包摂的かつ持続可能な人間居住計画・管理の能力を強化する。

11.4

世界の文化遺産及び自然遺産の保護・保全の努力を強化する。

11.5

2030年までに、貧困層及び脆弱な立場にある人々の保護に焦点をあてながら、水関連災害などの災害による死者や被災者数を大幅に削減し、世界の国内総生産比で直接的経済損失を大幅に減らす。

11.6

2030年までに、大気の質及び一般並びにその他の廃棄物の管理に特別な注意を払うことによるものを含め、都市の一人当たりの環境上の悪影響を軽減する。

11.7

2030年までに、女性、子ども、高齢者及び障害者を含め、人々に安全で包摂的かつ利用が容易な緑地や公共スペースへの普遍的アクセスを提供する。

11.a

各国・地域規模の開発計画の強化を通じて、経済、社会、環境面における都市部、都市周辺部及び農村部間の良好なつながりを支援する。

11.b

2020年までに、包含、資源効率、気候変動の緩和と適応、災害に対する強靱さ（レジリエンス）を目指す総合的政策及び計画を導入・実施した都市及び人間居住地の件数を大幅に増加させ、仙台防災枠組2015-2030に沿って、あらゆるレベルでの総合的な災害リスク管理の策定と実施を行う。

11.c

財政的及び技術的な支援などを通じて、後発開発途上国における現地の資材を用いた、持続可能かつ強靱（レジリエント）な建造物の整備を支援する。

12 つくる責任 つかう責任 ∞

［目標12］
持続可能な生産消費形態を確保する

12.1
開発途上国の開発状況や能力を勘案しつつ、持続可能な消費と生産に関する10年計画枠組み（10YFP）を実施し、先進国主導の下、すべての国々が対策を講じる。

12.2
2030年までに天然資源の持続可能な管理及び効率的な利用を達成する。

12.3
2030年までに小売・消費レベルにおける世界全体の一人当たりの食料の廃棄を半減させ、収穫後損失などの生産・サプライチェーンにおける食料の損失を減少させる。

12.4
2020年までに、合意された国際的な枠組みに従い、製品ライフサイクルを通じ、環境上適正な化学物質やすべての廃棄物の管理を実現し、人の健康や環境への悪影響を最小化するため、化学物質や廃棄物の大気、水、土壌への放出を大幅に削減する。

12.5
2030年までに、廃棄物の発生防止、削減、再生利用及び再利用により、廃棄物の発生を大幅に削減する。

12.6
特に大企業や多国籍企業などの企業に対し、持続可能な取り組みを導入し、持続可能性に関する情報を定期報告に盛り込むよう奨励する。

12.8
2030年までに、人々があらゆる場所において、持続可能な開発及び自然と調和したライフスタイルに関する情報と意識を持つようにする。

12.a
開発途上国に対し、より持続可能な消費・生産形態の促進のための科学的・技術的能力の強化を支援する。

12.7
国内の政策や優先事項に従って持続可能な公共調達の慣行を促進する。

12.b
雇用創出、地方の文化振興・産品販促につながる持続可能な観光業に対して持続可能な開発がもたらす影響を測定する手法を開発・導入する。

12.c
開発途上国の特別なニーズや状況を十分考慮し、貧困層やコミュニティを保護する形で開発に関する悪影響を最小限に留めつつ、税制改正や、有害な補助金が存在する場合はその環境への影響を考慮してその段階的廃止などを通じ、各国の状況に応じて、市場のひずみを除去することで、浪費的な消費を奨励する、化石燃料に対する非効率な補助金を合理化する。

[目標13]
気候変動及びその影響を軽減するための緊急対策を講じる

13.1

すべての国々において、気候関連災害や自然災害に対する強靱性（レジリエンス）及び適応力を強化する。

13.2

気候変動対策を国別の政策、戦略及び計画に盛り込む。

13.3

気候変動の緩和、適応、影響軽減及び早期警戒に関する教育、啓発、人的能力及び制度機能を改善する。

13.a

重要な緩和行動の実施とその実施における透明性確保に関する開発途上国のニーズに対応するため、2020年までにあらゆる供給源から年間1,000億ドルを共同で動員するという、UNFCCCの先進締約国によるコミットメントを実施するとともに、可能な限り速やかに資本を投入して緑の気候基金を本格始動させる。

13.b

後発開発途上国及び小島嶼開発途上国において、女性や青年、地方及び社会的に疎外されたコミュニティに焦点を当てることを含め、気候変動関連の効果的な計画策定と管理のための能力を向上するメカニズムを推進する。

[目標14]

持続可能な開発のために海洋・海洋資源を保全し、持続可能な形で利用する

14.1

2025年までに、海洋ごみや富栄養化を含む、特に陸上活動による汚染など、あらゆる種類の海洋汚染を防止し、大幅に削減する。

14.2

2020年までに、海洋及び沿岸の生態系に関する重大な悪影響を回避するため、強靱性（レジリエンス）の強化などによる持続的な管理と保護を行い、健全で生産的な海洋を実現するため、海洋及び沿岸の生態系の回復のための取組を行う。

14.3

あらゆるレベルでの科学的協力の促進などを通じて、海洋酸性化の影響を最小限化し、対処する。

14.6

開発途上国及び後発開発途上国に対する適切かつ効果的な、特別かつ異なる待遇が、世界貿易機関（WTO）漁業補助金交渉の不可分の要素であるべきことを認識した上で、2020年までに、過剰漁獲能力や過剰漁獲につながる漁業補助金を禁止し、違法・無報告・無規制（IUU）漁業につながる補助金を撤廃し、同様の新たな補助金の導入を抑制する。

14.4

水産資源を、実現可能な最短期間で少なくとも各資源の生物学的特性によって定められる最大持続生産量のレベルまで回復させるため、2020年までに、漁獲を効果的に規制し、過剰漁業や違法・無報告・無規制（IUU）漁業及び破壊的な漁業慣行を終了し、科学的な管理計画を実施する。

14.a

海洋の健全性の改善と、開発途上国、特に小島嶼開発途上国および後発開発途上国の開発における海洋生物多様性の寄与向上のために、海洋技術の移転に関するユネスコ政府間海洋学委員会の基準・ガイドラインを勘案しつつ、科学的知識の増進、研究能力の向上、及び海洋技術の移転を行う。

14.5

2020年までに、国内法及び国際法に則り、最大限入手可能な科学情報に基づいて、少なくとも沿岸域及び海域の10パーセントを保全する。

14.7

2030年までに、漁業、水産養殖及び観光の持続可能な管理などを通じ、小島嶼開発途上国及び後発開発途上国の海洋資源の持続的な利用による経済的便益を増大させる。

14.c

「我々の求める未来」のパラ158において想起されるとおり、海洋及び海洋資源の保全及び持続可能な利用のための法的枠組みを規定する海洋法に関する国際連合条約（UNCLOS）に反映されている国際法を実施することにより、海洋及び海洋資源の保全及び持続可能な利用を強化する。

14.b

小規模・沿岸零細漁業者に対し、海洋資源及び市場へのアクセスを提供する。

[目標15]

陸域生態系の保護、回復、持続可能な利用の推進、持続可能な森林の経営、砂漠化への対処、ならびに土地の劣化の阻止・回復及び生物多様性の損失を阻止する

15.1
2020年までに、国際協定の下での義務に則って、森林、湿地、山地及び乾燥地をはじめとする陸域生態系と内陸淡水生態系及びそれらのサービスの保全、回復及び持続可能な利用を確保する。

15.2
2020年までに、あらゆる種類の森林の持続可能な経営の実施を促進し、森林減少を阻止し、劣化した森林を回復し、世界全体で新規植林及び再植林を大幅に増加させる。

15.3
2030年までに、砂漠化に対処し、砂漠化、干ばつ及び洪水の影響を受けた土地などの劣化した土地と土壌を回復し、土地劣化に荷担しない世界の達成に尽力する。

15.4
2030年までに持続可能な開発に不可欠な便益をもたらす山地生態系の能力を強化するため、生物多様性を含む山地生態系の保全を確実に行う。

15.5
自然生息地の劣化を抑制し、生物多様性の損失を阻止し、2020年までに絶滅危惧種を保護し、また絶滅防止するための緊急かつ意味のある対策を講じる。

15.6
国際合意に基づき、遺伝資源の利用から生ずる利益の公正かつ衡平な配分を推進するとともに、遺伝資源への適切なアクセスを推進する。

15.7
保護の対象となっている動植物種の密猟及び違法取引を撲滅するための緊急対策を講じるとともに、違法な野生生物製品の需要と供給の両面に対処する。

15.8
2020年までに、外来種の侵入を防止するとともに、これらの種による陸域・海洋生態系への影響を大幅に減少させるための対策を導入し、さらに優先種の駆除または根絶を行う。

15.9
2020年までに、生態系と生物多様性の価値を、国や地方の計画策定、開発プロセス及び貧困削減のための戦略及び会計に組み込む。

15.a
生物多様性と生態系の保全と持続的な利用のために、あらゆる資金源からの資金の動員及び大幅な増額を行う。

15.b
保全や再植林を含む持続可能な森林経営を推進するため、あらゆるレベルのあらゆる供給源から、持続可能な森林経営のための資金の調達と開発途上国への十分なインセンティブ付与のための相当量の資源を動員する。

15.c
持続的な生計機会を追求するために地域コミュニティの能力向上を図る等、保護種の密猟及び違法な取引に対処するための努力に対する世界的な支援を強化する。

[目標16]

持続可能な開発のための平和で包摂的な社会を促進し、すべての人々に司法へのアクセスを提供し、あらゆるレベルにおいて効果的で説明責任のある包摂的な制度を構築する

16.1
あらゆる場所において、すべての形態の暴力及び暴力に関連する死亡率を大幅に減少させる。

16.2
子どもに対する虐待、搾取、取引及びあらゆる形態の暴力及び拷問を撲滅する。

16.3
国家及び国際的なレベルでの法の支配を促進し、すべての人々に司法への平等なアクセスを提供する。

16.4
2030年までに、違法な資金及び武器の取引を大幅に減少させ、奪われた財産の回復及び返還を強化し、あらゆる形態の組織犯罪を根絶する。

16.5
あらゆる形態の汚職や贈賄を大幅に減少させる。

16.6
あらゆるレベルにおいて、有効で説明責任のある透明性の高い公共機関を発展させる。

16.7
あらゆるレベルにおいて、対応的、包摂的、参加型及び代表的な意思決定を確保する。

16.8
グローバル・ガバナンス機関への開発途上国の参加を拡大・強化する。

16.9
2030年までに、すべての人々に出生登録を含む法的な身分証明を提供する。

16.10
国内法規及び国際協定に従い、情報への公共アクセスを確保し、基本的自由を保障する。

16.a
特に開発途上国において、暴力の防止とテロリズム・犯罪の撲滅に関するあらゆるレベルでの能力構築のため、国際協力などを通じて関連国家機関を強化する。

16.b
持続可能な開発のための非差別的な法規及び政策を推進し、実施する。

[目標17]

持続可能な開発のための実施手段を強化し、グローバル・パートナーシップを活性化する

<資金>

17.1

課税及び徴税能力の向上のため、開発途上国への国際的な支援なども通じて、国内資源の動員を強化する。

17.2

先進国は、開発途上国に対するODAをGNI比0.7%に、後発開発途上国に対するODAをGNI比0.15〜0.20%にするという目標を達成するとの多くの国によるコミットメントを含むODAに係るコミットメントを完全に実施する。ODA供与国が、少なくともGNI比0.20%のODAを後発開発途上国に供与するという目標の設定を検討することを奨励する。

17.3

複数の財源から、開発途上国のための追加的資金源を動員する。

17.4

必要に応じた負債による資金調達、債務救済及び債務再編の促進を目的とした協調的な政策により、開発途上国の長期的な債務の持続可能性の実現を支援し、重債務貧困国（HIPC）の対外債務への対応により債務リスクを軽減する。

17.5

後発開発途上国のための投資促進枠組みを導入及び実施する。

<技術>

17.6

科学技術イノベーション（STI）及びこれらへのアクセスに関する南北協力、南南協力及び地域的・国際的な三角協力を向上させる。また、国連レベルをはじめとする既存のメカニズム間の調整改善や、全世界的な技術促進メカニズムなどを通じて、相互に合意した条件において知識共有を進める。

17.7

開発途上国に対し、譲許的・特恵的条件などの相互に合意した有利な条件の下で、環境に配慮した技術の開発、移転、普及及び拡散を促進する。

17.8

2017年までに、後発開発途上国のための技術バンク及び科学技術イノベーション能力構築メカニズムを完全運用させ、情報通信技術（ICT）をはじめとする実現技術の利用を強化する。

＜能力構築＞

17.9

すべての持続可能な開発目標を実施するための国家計画を支援するべく、南北協力、南南協力及び三角協力などを通じて、開発途上国における効果的かつ的をしぼった能力構築の実施に対する国際的な支援を強化する。

＜貿易＞

17.10

ドーハ・ラウンド（DDA）交渉の結果を含めたWTOの下での普遍的でルールに基づいた、差別的でない、公平な多角的貿易体制を促進する。

17.11

開発途上国による輸出を大幅に増加させ、特に2020年までに世界の輸出に占める後発開発途上国のシェアを倍増させる。

17.12

後発開発途上国からの輸入に対する特恵的な原産地規則が透明で簡略的かつ市場アクセスの円滑化に寄与するものとなるようにすることを含む世界貿易機関（WTO）の決定に矛盾しない形で、すべての後発開発途上国に対し、永続的な無税・無枠の市場アクセスを適時実施する。

<＜体制面＞

――――― 【政策・制度的整合性】 ―――――

17.13

　政策協調や政策の首尾一貫性などを通じて、世界的なマクロ経済の安定を促進する。

17.14

　持続可能な開発のための政策の一貫性を強化する。

17.15

　貧困撲滅と持続可能な開発のための政策の確立・実施にあたっては、各国の政策空間及びリーダーシップを尊重する。

――――― 【マルチステークホルダー・パートナーシップ】 ―――――

17.16

　すべての国々、特に開発途上国での持続可能な開発目標の達成を支援すべく、知識、専門的知見、技術及び資金源を動員、共有するマルチステークホルダー・パートナーシップによって補完しつつ、持続可能な開発のためのグローバル・パートナーシップを強化する。

17.17

　さまざまなパートナーシップの経験や資源戦略を基にした、効果的な公的、官民、市民社会のパートナーシップを奨励・推進する。

――――― 【データ、モニタリング、説明責任】 ―――――

17.18

　2020年までに、後発開発途上国及び小島嶼開発途上国を含む開発途上国に対する能力構築支援を強化し、所得、性別、年齢、人種、民族、居住資格、障害、地理的位置及びその他各国事情に関連する特性別の質が高く、タイムリーかつ信頼性のある非集計型データの入手可能性を向上させる。

17.19

　2030年までに、持続可能な開発の進捗状況を測るGDP以外の尺度を開発する既存の取組を更に前進させ、開発途上国における統計に関する能力構築を支援する。

おわりに

　みなさん、本書を最後までお読み下さり、ありがとうございました。みなさんは本書から何を学ばれたでしょうか？　本書では、SDGsのさまざまな開発目標に関連した世界の現実や課題を見てきました。本書で取り上げられたのはほんの一部にすぎませんが、それでもみなさんは、現在の世界がいかに多くの「持続不可能な現実」に直面しているかを知って、ショックを受けられたのではないかと思います。そしてそれは海外だけの話ではありません。この日本国内にも、貧困、気候変動に起因する激甚災害、格差社会、孤独社会など、深刻な問題が山積しているという厳しい現実があります。しかし厳しい現実に直面して絶望してしまってはいけません。SDGsが求めているのは、私たち1人ひとりの市民が、この世界の現実をより持続可能で幸せな場所に変えていく責任と「能力」を持っていることへの自覚なのです。

　ケニアの環境活動家マータイさんが「モッタイナイ」という日本語のもつ今日的意義を国際社会に広めてくれましたが、本来日本の文化伝統には、平和で持続可能な社会を実現していくための知恵やスキルがたくさん秘蔵されています。こうした伝統文化の知恵にあらためて関心を向け直してみること、そしてそれを国際社会に積極的に発信していくことも、「SDGs教室」の応用編として私たちに求められている行動ではないでしょうか。

　最後にふたたび、あなたに問いかけたいと思います。SDGs目標達成年である2030年に、あなたはどんな生き方をしているでしょうか？
　また2030年のあなたは、現在のあなたの生き方を見て、どのように評価すると思いますか？
　SDGsはいわば、地球が私たち1人ひとりに出した宿題です。本書との出会いが、あなたがご自身の人生とまわりの社会の変容に向けて、まず今日から何ができるかを考えるきっかけになったのでしたら幸いです。

小林 亮

★ **小林 亮（こばやし まこと）**

玉川大学教育学部教授。心理学博士。臨床心理士・公認心理師。慶應義塾大学文学部卒業。同大学院修士課程（教育心理学）修了後、ドイツ学術交流会（DAAD）奨学生として、ドイツ・コンスタンツ大学にて心理学の博士号を取得。パリのユネスコ本部教育局でインターンを行う。2003年より現職。日本国際理解教育学会理事。現在、玉川大学教育学部にてユネスコスクール担当教員としてSDGs指導力育成をめざした教師教育プログラムを開発、実施している。主な研究テーマは、1）ユネスコの地球市民教育（GCED）における葛藤解決能力分析とアイデンティティ発達、2）ゆるしと和解における対話の役割について。玉川大学ユネスコクラブ顧問および日本ユネスコ協会連盟評議員として、ユネスコ青少年育成活動に従事、大学ユネスコクラブの全国的ネットワーク化に取り組む。主な著書に『ユネスコスクール － 地球市民教育の理念と実践』（明石書店, 2014年）、『世界を変えるSDGs』（あかね書房, 2020年）など。

写真クレジット一覧

P.134「SDGs おさらいクイズ 20」の解答 （ ）内は本文掲載ページ

主な参考文献
『60分でわかる！SDGs超入門』（技術評論社）
『SDGs（持続可能な開発目標）』（中公新書）
『世界を変えるSDGs』（あかね書房）
『身近でできるSDGsエシカル消費』全3巻（さ・え・ら書房）
『18時に帰る』（プレジデント社）
『「男女格差後進国」の衝撃 無意識のジェンダー・バイアスを克服する』（小学館新書）
『2030年の世界地図帳』（SBクリエイティブ）
『日本の分断 切り離される非大卒若者（レッグス）たち』（光文社新書）

世界でいちばん素敵な

ＳＤＧｓの教室

2021年7月1日　第1刷発行
2022年4月1日　第2刷発行

定価（本体1,500円＋税）

監修	小林 亮（玉川大学教育学部教授）
写真	アフロ、アマナイメージズ、Adobe Stock、123RF
装丁	公平恵美
デザイン	関口暁（サティスフィールド）
編集・文	石川守延（サティスフィールド）
イラスト	堀江香奈子
校正	小林悠樹
協力	取材協力企業・団体のみなさん

発行人	塩見正孝
編集人	神浦高志
販売営業	小川仙丈
	中村崇
	神浦絢子
印刷・製本	図書印刷株式会社
発行	株式会社三才ブックス
	〒101-0041
	東京都千代田区神田須田町2-6-5 OS'85 ビル 3F
	TEL：03-3255-7995
	FAX：03-5298-3520
	http://www.sansaibooks.co.jp/
mail	info@sansaibooks.co.jp
facebook	https://www.facebook.com/yozora.kyoshitsu/
Twitter	@hoshi_kyoshitsu
Instagram	@suteki_na_kyositsu